Michelangelo

巨匠与名作

米开朗基罗

[英] 苏西·霍奇（Susie Hodge）/ 著　陈洁 / 译

華中科技大學出版社
http://press.hust.edu.cn
中国·武汉

有书至美
BOOK & BEAUTY

图书在版编目（CIP）数据

米开朗基罗／（英）苏茜·霍奇（Susie Hodge）著；陈洁译.—武汉：华中科技大学出版社，2023.1

（巨匠与名作）

ISBN 978-7-5680-8689-9

Ⅰ.①米… Ⅱ.①苏… ②陈… Ⅲ.①米开朗琪罗（Michelangelo, Buonarroti 1475-1564）－传记②米开朗琪罗（Michelangelo, Buonarroti 1475-1564）－绘画－鉴赏
Ⅳ.①K835.465.72②J205.546

中国版本图书馆CIP数据核字（2022）第189055号

Published by arrangement with Arcturus Publishing Limited

www.arcturuspublishing.com
This edition first published in China in 2023 by Huazhong University of Science and Technology Press, Wuhan City

湖北省版权局著作权合同登记 图字：17－2022－119号

米开朗基罗
Mi Kai Lang Ji Luo

［英］苏茜·霍奇（Susie Hodge）著
陈洁 译

出版发行：华中科技大学出版社（中国·武汉） 电话：(027) 81321913
华中科技大学出版社有限责任公司艺术分公司 (010) 67326910－6023
出 版 人：阮海洪

责任编辑：莽 昱 陶 红
责任监印：赵 月 郑红红 封面设计：邱 宏

制 作：北京博逸文化传播有限公司
印 刷：北京汇瑞嘉合文化发展有限公司
开 本：889mm×1194mm 1/16
印 张：6
字 数：75千字
版 次：2023年1月第1版第1次印刷
定 价：138.00元

华中出版

本书若有印装质量问题，请向出版社营销中心调换
全国免费服务热线：400－6679－118 竭诚为您服务

目录

《创造亚当》(*The Creation of Adam*)，1511—1512年。米开朗基罗为西斯廷教堂（Sistine Chapel）创作了巨型天顶画，这是其中一部分，描绘了旧约《创世纪》(*Genesis*）中上帝创造出世上第一个人类，亚当（Adam）。这是上帝第一次以外表朴素且不具威慑性的年长形象出现。上帝和亚当的手马上要触碰到对方，传达出上帝创造人类生命的张力和活力。这幅画首次揭晓时具有颠覆性意义，时至今日，它仍具有极强的标志性。

简介

米开朗基罗·迪·洛多维科·博那罗蒂·西蒙尼（Michelangelo di Lodovico Buonarroti Simoni，1475—1564年）是意大利文艺复兴时期的知名人物，许多人认为他是史上最伟大的艺术家。他是一位雕刻家、画家、建筑师和诗人。为了表彰他杰出的艺术才能，他生前获称“神圣艺术家”（Il Divino），并对西方艺术的发展产生了巨大影响。米开朗基罗出生于佛罗伦萨共和国，我们将那个年代称为文艺复兴盛期。他的许多艺术作品全球闻名，包括位于罗马的《圣母怜子像》（*Pietà*）、位于佛罗伦萨的《大卫》（*David*）雕塑，以及西斯廷教堂的壁画。七十四岁时，他接替小安东尼奥·达·桑加洛（Antonio da Sangallo，1484—1546年）成为圣彼得大教堂（St Peter's Basilica）的总建筑师。作为一名诗人，他深受但丁·阿利吉耶里（Dante Alighieri，1265—1321年）的影响，有三百多首诗作流传下来。同时流传下来的，还有他写给家人、朋友和赞助人的许多信件，以及他作品的草图。这些都让我们更加了解他本人以及他的工作和生活。1506年，米开朗基罗年仅三十一岁，佛罗伦萨政府向教皇描述他为“一位杰出的年轻人，其专业造诣在意大利乃至全球都达到了无与伦比的水平”。他在世时，两位作家为他写了两本传记，使他成为西方世界首位生前便有传记出版的艺术家。阿斯卡尼奥·康迪维（Ascanio Condivi，1525—1574年）著有《米开朗基罗的一生》（*The Life of Michelangelo Buonarroti*），于1553年出版。乔尔乔·瓦萨里（Giorgio Vasari，1511—1574年）写的《艺苑名人传》（*The Lives of the Most Eminent Painters, Sculptors and Architects*）于1550年出版，于1568年更新。瓦萨里说，米开朗基罗的作品超越了所有在世或去世艺术家的作品，他“不是在一种，而是在三种艺术形式上达到了极致”。由此看来，米开朗基罗是真正的文艺复兴典范，他的一生、他的作品和他的声望永远地改变了我们对艺术家的看法。

第1章
文艺复兴教育

米开朗基罗出生的卡普莱斯小镇位于托斯卡纳大区下属阿雷佐附近，离佛罗伦萨大约100千米（62英里）。如今小镇已改名为“卡普莱斯·米开朗基罗”。米开朗基罗的父亲洛多维科·迪·莱昂纳多·博那罗蒂·迪·西蒙尼（Ludovico di Leonardo Buonarroti Simoni，1444—1534年）和母亲弗朗切斯卡·迪·内里·德尔·米尼亚托·迪·锡耶纳（Francesca di Neri del Miniato di Siena，1455—1481年）膝下育有五个儿子，米开朗基罗在兄弟中排行老二。洛多维科曾是佛罗伦萨的一名银行家，但银行不幸倒闭。米开朗基罗出生时，洛多维科正在卡普莱斯镇政府担任临时职务。他是小镇的司法行政官和最高行政长官（大致相当于镇长），因此，米开朗基罗出生于卡普莱斯的“镇长府邸”。博那罗蒂家族（The Buonarroti family）声称自己是卡诺莎的玛蒂尔达女伯爵（Countess Matilda of Canossa，1046—1115年）的后代。虽然这一说法后来被证明并不属实，但当时的米开朗基罗对此信以为真。出生后，米开朗基罗在当地建于13世纪的施洗者圣约翰教堂接受洗礼。等他满月后，全家搬回佛罗伦萨圣十字教区，那里有他们和亲戚同住的房子。不久之后，他们搬到了山上的塞蒂尼亚诺村庄，距离佛罗伦萨8千米（5英里），洛多维科和他的兄弟在那里有一间农舍。塞蒂尼亚诺周围的山上有采石场，村里住满了石匠。米开朗基罗的母亲健康状况不佳，在米开朗基罗六岁时去世。考虑到她身体欠佳，家人把当时还是婴儿的米开朗基罗送到村里的奶妈那里照顾，这在中上层阶级中是比较常见的做法。通常，婴儿会住在奶妈家里直到童年，米开朗基罗就是如此。而这位奶妈的丈夫是一名石匠。米开朗基罗后来告诉他的传记作家乔尔乔·瓦萨里：“我喝着奶妈的奶水长大，同时掌握了用凿子和锤子创作雕塑的诀窍。”

米开朗基罗在卡普莱斯的家。他出生时，父亲在当地担任最高行政长官的职务，因此他的第一个家就是“镇长府邸”。这个小镇后来变得非常有名，现在被称为“卡普莱斯·米开朗基罗”。

《圣母访亲》（*The Visitation of the Blessed Mary*），多梅尼哥·基尔兰达约（Domenico Ghirlandai）绘于1491年。这幅画是基尔兰达约在佛罗伦萨的新圣母玛利亚教堂为托尔纳博尼家族礼拜堂创作的系列作品之一，描绘了玛丽亚和伊丽莎白的会面。画作细节栩栩如生，在当时非常罕见，其中的人物姿态、面部表情，包括衣物垂悬的质感都显得自然逼真。

文艺复兴

文艺复兴的发生受到多种历史事件和当时社会状况的影响。米开朗基罗出生前一百三十年前后，黑死病（即鼠疫，1347—1351年）造成了欧洲和亚洲人口的大量死亡。瘟疫所到之处，包括意大利，各种社会经济、文化和宗教变革接踵而至。热那亚商人受到蒙古战士的攻击，逃离克里米亚，将鼠疫从俄罗斯带到了意大利。鼠疫在肮脏拥挤的城市里迅速蔓延，造成大规模死亡，佛罗伦萨人口减半。意大利遭受重创，贸易中断、企业倒闭、失业率上升。随着情况好转，重建工作在各地积极涌现，许多幸存者在重建生活的同时想到了过去。意大利逐渐恢复过来，有些地方甚至比灾前更加富有。鼠疫还给社会带来了另一重大影响，它导致了欧洲中世纪封建制度的崩溃，逐渐发展出强大统治者领导的、以独立城邦为基础运行的政府体系。

1523年，艺术家阿尔布雷特·丢勒（Albrecht Dürer，1471—1528年）第一个提出用“Wiedererwachsung”来描述当代意大利画作复兴古典艺术的尝试，这个词在德语中是“重新觉醒”的意思。1550年，身为艺术家、建筑师和艺术史学家的乔尔乔·瓦萨里在他的《艺苑名人传》一书中描述了意大利艺术和建筑的复兴。这一复兴建立在古希腊和古罗马的理念之上，瓦萨里称之为“rinascita”，是意大利语中“重生”的意思。意大利刚从瘟疫中恢复过来，文化变革接踵而至。佛罗伦萨这座城市开始崛起，最初是通过羊毛交易和银行业，后来则借力于但丁·阿利吉耶里等作家、彼特拉克（Petrarch，1304—1374年）等学者以及乔托·迪·邦多纳（Giotto di Bondone，1266—1337年）等艺术家。经历过鼠疫的幸存者们开始更多关注当下而非来世，人们开始强调个人的重要性，而非上帝的意愿。有钱有势的大家族出钱寻找新创作的文章、绘画、雕塑和建筑，大大激发了当时社会的创造力和创新思维，促成了新的政治和经济组织，促进了人们对地球和宇宙的大胆探索。随着新大陆的发现，欧洲的商业版图得到了扩张。欧洲商人大张旗鼓地与穆斯林、非洲和印度商人进行贸易，全然没有宗教和文化差异方面的顾虑。新发明不断涌现，其中约翰·古腾堡（Johannes Gutenberg，1398—1468年）于1438年发明了活字印刷术的印刷机，提升了人们的读写能力，同时助力了思想的传播。

《黑死病》(*Black Death*)，威尼斯画家的微型画，14世纪。鼠疫肆虐，无数意大利人失去了生命。结果就是，天主教会的影响力受到削弱。

洗礼堂的门，洛伦佐·吉贝尔蒂（Lorenzo Ghiberti，1378—1455年），1425—1452年。佛罗伦萨雕刻家、设计师兼金匠洛伦佐·吉贝尔蒂通过一场比赛赢得了为佛罗伦萨洗礼堂制作厚重青铜门的资格。图中展示了其中一块面板的局部，显示了浮雕在深度和距离方面的细节和外观。他还将金粉和水银混合涂在门上。据说米开朗基罗曾把吉贝尔蒂创作的大门称为“天堂之门”。

《维纳斯的诞生》（*The Birth of Venus*），桑德罗·波提切利（Sandro Botticelli，1445—1510年），约1485年。在15世纪下半叶的意大利，来自佛罗伦萨的画家桑德罗·波提切利是极受尊敬的艺术家之一，他的作品吸引了当时几位重要的赞助人。神话与基督教在艺术上是相对立的，神话传达了人文主义观念，其代表人物是维纳斯，掌管着美与爱以及生育的女神，降临在了塞浦路斯岛。

下图：《耶稣受难》（*The Crucifixion, Giotto*），乔托，1288—1289年。米开朗基罗出生前一百五十多年，乔托创作了前所未见的画作。他没有像以前的画家那样按照某种形式作画，而是专注于现实。比如，这幅作品强调了耶稣人性化的一面，包括正常体重的外观、头部的前倾以及身体疲软的姿势。这些想法给米开朗基罗带来了启发。

右下图：《大卫》，多纳泰罗（Donatello，1386—1466年），约1440年。大卫是《圣经》（*Bible*）中的英雄，一位用石头杀死巨人歌利亚（Goliath）的青年。多纳泰罗是文艺复兴早期伟大的雕塑家之一。在这件作品中，大卫戴着头盔和穿着靴子，其他身体部位赤裸，一只脚踩着歌利亚被砍下的头颅。这是自古以来第一个独自站立的裸体男性雕塑。

艺术抱负

母亲去世一年后，父亲将米开朗基罗送到佛罗伦萨的一所文法学校读书。在那里他学习了一系列课程，包括基础阅读和写作，以及法律信函和文件的撰写。虽然学校提供了全面的教育，但他很早就知道自己不想从事学术或商业，而想成为一名艺术家。他花了大量时间画画，而这些时间本该用来集中学习。洛多维科却认为自己儿子的艺术抱负不切实际，并因此感到非常愤怒。据说，他曾动手殴打米开朗基罗，试图迫使他集中精力学习，但收效甚微。米开朗基罗继续绘画并大量研究身边的艺术品。佛罗伦萨的这些艺术品都是乔托、多纳泰罗和马萨

乔（Masaccio，1401—1428年）等伟大艺术家的创作。他还花时间泡在佛罗伦萨的艺术家工作室。从十二岁起，他就在多梅尼哥·基尔兰达约（Domenico Ghirlandaio，1448—1494年）和其弟弟戴维·基尔兰达约（Davide Ghirlandaio，1452—1525年）的佛罗伦萨画室里打零工。

学徒

米开朗基罗十三岁时，他的父亲妥协了，按照米开朗基罗的意愿，允许他成为学徒，师从多梅尼哥和戴维，接受艺术家培训。1488年4月1日，他们签订了一份为期三年的学徒协议。作为帮助基尔兰达约兄弟打理画室的回报，他们要教米开朗基罗绘画，并给他机会练习创作。根据协议，他的报酬是二十四枚弗罗林金币（Florin），第一年六枚，第二年八枚，第三年十枚。学徒竟然有报酬，这在当时非常难以想象，这表明米开朗基罗有非凡的潜质。他的工作包括为艺术家们研磨颜料及准备其他材料。他开始通过复制版画练习手艺，比如德国艺术家马丁·施恩告尔（Martin Schongauer，1450/1453—1491年）作品中的图案细节。他的另一项工作是研究佛罗伦萨的其他艺术作品，其实这点他早已着手在做。然而，短短一年之后，出现了一个绝好机会，让他能够加入强盛的美第奇家族。洛伦佐·德·美第奇（Lorenzo de' Medici，1449—1492年）创立了一所雕塑学校。他雇用了多纳泰罗的学生兼助手，雕刻家贝尔托尔多·迪·乔万尼（Bertoldo di Giovanni，1440—1491年）来指导年轻学生。他还问多梅尼哥有没有适合的学徒能到雕塑学校中进修。多梅尼哥推荐了他最出色的两名学生，弗朗切斯科·格拉纳奇（Francesco Granacci，1469—1543年）和米开朗基罗。

《纳税银》（*The Tribute Money*），马萨乔，约1426年。这幅壁画位于佛罗伦萨卡尔米内圣母大殿的布兰卡契礼拜堂，描绘了圣彼得（St Peter）生平的一段经历。场景取自《马太福音》（*Gospel of Matthew*），耶稣指引彼得在鱼的口中找到一枚金币作为纳税银。马萨乔对透视法的运用极具开创性。

佛罗伦萨

米开朗基罗出生时，佛罗伦萨正逐渐跻身意大利最富有的城市之列，成为重要的经济、社会、文化、政治和艺术中心之一。佛罗伦萨坐落于一片肥沃的土地，且位于意大利北部和罗马之间的要道，因此从罗马人的小聚居地迅速发展成为繁华的贸易中心。1252年，佛罗伦萨铸造了自己的货币弗洛林，在欧洲各地通用，而这座城市也一举成为银行中心，许多佛罗伦萨银行还在海外开设了分行。经济实力的提升促进了贸易和艺术协会的发展，同时吸引了移民，从而促进了城市的扩张。佛罗伦萨还向意大利各地和欧洲其他地区出口大量高质量羊毛以及其他纺织品。经济成功带来的一个好处是，佛罗伦萨成了意大利最伟大的艺术和学习中心。当时的艺术创作由镇议会、商业公会和美第奇家族这类富有的赞助人资助。15世纪早期，激进、前卫的艺术家和建筑师创造了前所未有的作品。例如，建

《全景地图》（*Carta della Catena*）细节图，19世纪复制的1490年佛罗伦萨地图。通过这幅15世纪的佛罗伦萨全景图，可以看到在米开朗基罗生活的时代，这座城市有多拥挤。

佛罗伦萨大教堂（The Duomo, Florence），又名花之圣母大教堂、圣母百花大教堂（Cathedral of St Mary of the Flower）。教堂始建于1296年，采用了哥特式风格，并于1436年完工。其独特的圆顶由菲利波·布鲁内列斯基设计，外部覆盖绿色、粉色的彩色大理石面板，并以白色镶边。这是佛罗伦萨的骄傲。米开朗基罗还是学徒的时候，几乎每天都能看到它。

筑师菲利波·布鲁内列斯基（Filippo Brunelleschi，1377—1446年）在佛罗伦萨大教堂的穹顶设计上取得了巨大的工程学成就，并将线性透视的数学技术应用到艺术中，因而名声大噪。当时诞生了许多宏伟的教堂和宫殿，有丰富的壁画和雕像装饰。例如，佛罗伦萨圣弥额尔教堂（The Church of Orsanmichele）的外部壁龛上就有多纳泰罗、吉贝尔蒂、安德烈·德尔·韦罗基奥（Andrea del Verrocchio，1435—1488年）和南尼·迪·班科（Nanni di Banco，1384—1421年）的雕塑作品。米开朗基罗成长过程中耳濡目染的还有其他杰出艺术家的创作，其中包括乔托和马萨乔，而这些都让他对学习和研究古希腊和古罗马艺术、建筑以及文学产生了新的兴趣。

美第奇家族

美第奇家族是意大利银行业家族，同时也是统治佛罗伦萨多年的政治世家。美第奇家族起源于托斯卡纳的穆杰罗地区，通过银行业务和贸易活动积累了财富，并于1397年在佛罗伦萨创建了美第奇银行。15世纪时，美第奇银行成为欧洲最大的银行。在1494年倒闭之前，它一直位列欧洲最繁荣兴盛、受人敬仰的机构之列，美第奇家族正是因此得以掌权，并最终实现对佛罗伦萨的统治。美第奇家族的巅峰时期，共诞生了四位教皇、两位法国女王。1532年，家族获得了世袭爵位，称为佛罗伦萨公爵（Duke of Florence）。在往后的四十年里，这一爵位又上升为托斯卡纳大公国（Grand Duchy of Tuscany）。随着权力的增强，美第奇家族控制了佛罗伦萨政府，创造了良好的环境，让艺术和人文主义繁荣发展。他们和意大利其他大家族一起，为意大利文艺复兴奠定了基础，其中包括米兰的维斯孔蒂家族（Visconti）和斯福尔扎家族（Sforza）、费拉拉的埃斯特家族（Este）、罗马的波吉亚家族（Borgia），以及曼托瓦的贡扎加家族（Gonzaga）。除此之外，美第奇家族出资发明了钢琴和歌剧，建造了罗马的圣彼得大教堂和佛罗伦萨大教堂，并资助着当时最伟大的艺术家们，包括米开朗基罗。第一个统治佛罗伦萨的美第奇家族成员是科西莫·德·美第奇（Cosimo de' Medici，1389—1464年），他的儿子皮耶罗一世·德·美第奇（Piero di Cosimo de'Medici，1416—1469年）和孙子洛伦佐·德·美第奇继承了他的统治（1469年）。洛伦佐是著名的艺术赞助人，于1492年去世后，他的儿子皮耶罗二世（Piero，1472—1503年）掌权，但只执政了两年。1494年，法国国王查理八世（Charles VIII ）进入托斯卡纳，准备占领那不勒斯王国。皮耶罗和查理签订了投降条约，激怒了佛罗伦萨人，美第奇家族被迫开始流亡。佛罗伦萨再次建立共和国。美第奇家族在1512年恢复了对佛罗伦萨的统治，但到了1527年，整个家族被彻底驱逐，佛罗伦萨重新建立共和国。

《洛伦佐·德·美第奇》（*Lorenzo de' Medici*），乔尔乔·瓦萨里，1533/1534年。尽管洛伦佐·德·美第奇去世时，瓦萨里尚未出生，但他还是通过这幅画像致敬洛伦佐对艺术的大力赞助。

佛罗伦萨维琪奥王宫（The Palazzo Vecchio）里的美第奇家族徽章。关于徽章上的小圆球有很多理论猜测，但没有确切的解释。金盾上缀着五个红色小球和一个蓝色小球，美第奇家族在相关建筑物的显眼处尽情展现着家族徽章。

生活在美第奇家

米开朗基罗与基尔兰达约兄弟相处了一段时间，学习了绘画、版画和壁画，可能还协助绘制了托尔纳博尼家族礼拜堂（Tornabuoni Chapel）的壁画。之后，米开朗基罗很高兴得到机会前往美第奇宫的庭院工作。美第奇宫建于1444年至1448年之间，位于圣·洛伦佐教堂（Basilica of San Lorenzo）附近。1489年，他从基尔兰达约的工作室搬到那里，开始有机会学习并复刻古希腊和古罗马的原始雕塑。洛伦佐·德·美第奇收藏了当时最精美的古罗马艺术品。他注意到米开朗基罗的高超艺术天赋，于是叫人找来米开朗基罗的父亲洛多维科，问他是否能让米开朗基罗作为美第奇家族成员住在那里。凭借这份天赐良机，米开朗基罗住进了公爵的家里，和许多有学问的人同住了三年。洛伦佐也给了洛多维科一份工作，从此美第奇家族和博那罗蒂家族建立起了联系。米开朗基罗在美第奇宫待了三年，直到1492年洛伦佐去世。在那段时间里，他的雕刻技艺突飞猛进，甚至开始遭受

《年轻的弓箭手》（*The Young Archer*），约1490年。在洛伦佐·德·美第奇的雕塑学校学习工作时，年仅15岁的米开朗基罗创作了这尊丘比特大理石雕像（现已损坏），年纪轻轻就展现了过人的技巧。

美第奇宫的内部庭院。图片右侧的庭院是米开朗基罗曾经进修过的雕塑学院。

其他学生的嫉妒。有一次，他和同学彼埃特罗·托利贾尼（Pietro Torrigiano，1472—1528年）在佛罗伦萨卡尔米内圣母大殿的布兰卡契礼拜堂（The Brancacci Chapel of Santa Maria del Carmine）内临摹马萨乔的壁画时发生了争执。据称，米开朗基罗对托利贾尼的素描发表了侮蔑性的言论，因此挨了托利贾尼一拳。托利贾尼后来回忆说：“我握紧拳头，朝他鼻子上狠狠挥了过去，感觉他的骨头和软骨都断了。”由于这起暴力事件，托利贾尼被逐出佛罗伦萨，米开朗基罗则是余生都长着歪鼻子。

临摹乔托壁画中的两位男性人物，1490—1492年。十六岁的米开朗基罗对《福音传道者圣约翰升天》（*The Ascension of St John the Evangelist*）（左图）进行了人像研究。这是他临摹乔托和马萨乔系列画作中的一部分。

人文主义

在佛罗伦萨长大的米开朗基罗意识到教会和人文主义之间的权力斗争。14世纪，彼特拉克和薄伽丘（Boccaccio，1313—1375年）等作家将罗马时代描述为光明和辉煌的时代，而将之后的时代描绘

《福音传道者圣约翰升天》（*The Ascension of St John the Evangelist*），乔托，约1320年。乔托是公认的艺术先驱，佛罗伦萨的年轻艺术家们通过模仿他的作品进行学习。这幅壁画位于圣十字大教堂（Santa Croce）的佩鲁齐礼拜堂（Peruzzi Chapel），描绘了福音传道者约翰升天的场景。乔托的创新之处包括人们在墓前自然流露的惊诧反应以及画面的立体感。

得黑暗而忧郁，人文主义因此逐渐流行起来。彼特拉克特别提倡研究古代经典文学，鼓励人们回归推崇知识和文化的生活方式。1204年，十字军洗劫了君士坦丁堡。1453年，这座城市又被奥斯曼帝国占领。许多拜占庭学者逃到意大利，在那里传播古希腊和古罗马的知识。对古希腊和拉丁文本的研究激发了个人主义、节制和理性观念，这与中世纪普遍流行的对来世的关注形成了强烈对比。这些思想后来被称为人文主义。人文主义者对生活的关注放在当下，并强调以人为本的重要性，鼓励人们关注并学习诗歌、戏剧、自然历史、数学、建筑和艺术。几个世纪以来，为了方便用宗教规则和教条统领思想，这些学科一直受到压制。15世纪晚期开始，人文主义观念从意大利传遍欧洲，对文艺复兴的发展产生了影响，特别是在德国、法国、英国和荷兰。虽然米开朗基罗是一位虔诚的天主教徒，但他受到了人文主义运动的启发，助力了古希腊和古罗马艺术的复兴。特别是他的雕塑和绘画着重把人类而非上帝塑造成英雄，这使他跻身文艺复兴时期最伟大的人文主义者之列。

《楼梯旁的圣母》(*Madonna of the Stairs*)，约1490年。米开朗基罗大约十五岁时完成了这个作品。浮雕巧妙地表现了场景的深度和距离。圣母玛利亚侧身坐在一块方形的石头上，孩子坐她的在腿上。在她旁边的楼梯远处，有不少人物在活动，细节栩栩如生。

第2章 成为大师

在艺术、科学和文学迅速发展的佛罗伦萨长大，身边都是当时最有学问的人，这种环境对于像米开朗基罗这样聪明且有抱负的年轻人来说格外令人振奋。他无意间享有了罕见的特殊优势，得以参与当下创新哲学发展的讨论和学习。

新柏拉图主义

雅典哲学家柏拉图（Plato，公元前428/前427或前424/前423—前348年/前347年）是西方哲学史中极具影响力的人物之一。他的哲学思想涉猎广泛，其中以形式论最具影响力，这也是柏拉图哲学的基石。在书中，他断言有两个世界：物质世界和精神世界。物质世界，即我们每天目睹且与之互动的世界，这个世界会变化且并不完美。它不是“真实的”世界，而是影子或影像。真实的或者说根本的现实存在于这层世界之外的精神世界，即形式世界，也有人称其为理念世界或理想世界。

3世纪时，希腊哲学家普洛丁（Plotinus，204/205—270年）复兴了柏拉图的部分思想。这些思想与其他思想相结合，形成了新柏拉图主义。

继普洛丁之后，其他哲学家也发展出了自己的思想体系，综合了柏拉图、亚里士多德（Aristotle，公元前384—前322年）和斯多葛学派（Stoics）的部分理论，拓宽了新柏拉图主义的范围。1484年，马尔西利奥·费奇诺（Marsilio Ficino，1433—1499年）在佛罗伦萨出版了柏拉图思想全集的拉丁文译本。他还翻译了许多新柏拉图主义的著作，包括普洛丁的著作。费奇诺译本的影响力从佛罗伦萨不断向外辐射，包括皮科·德拉·米兰多拉（Pico della Mirandola，1463—1494年）在内的多位思想家以此为基础，试图将新柏拉图主义和基督教思想联系起来，解释生活的基本原理。如此一来，新柏拉图主义的思想元素成了文艺复兴时期思想、艺术的一个重要深层主题。

佛罗伦萨市中心照片，近处为维琪奥王宫，远处是花之圣母大教堂。

柏拉图学院

学者兼牧师马尔西利奥·费奇诺是意大利文艺复兴早期极具影响力的人文主义者之一。在美第奇家族的赞助下，他组织创立了佛罗伦萨学院，试图复兴古希腊的柏拉图学院。从1462年到1494年，一群学者定期聚会，研究和讨论柏拉图及其追随者的著作，重点研究其对个人尊严和自由的捍卫。1462年，科西莫·德·美第奇将他在卡雷吉的别墅交给费奇诺使用，作为回报，他要求费奇诺研究并翻译几位古希腊哲学家的手稿，其中包括几份科西莫自己收藏的柏拉图手稿。为了这项研究和翻译工作，费奇诺创立了柏拉图学院，却从未宣布其正式成立。尽管如此，这些学者的聚会开始声名远扬，其学术影响远远超出了佛罗伦萨的地域范围。与会成员都是备受尊崇的人物，包括古典学者和诗人波利齐亚诺（Poliziano，1454—1494年）、哲学家克里斯托福罗·兰迪诺（Cristoforo Landino，1424—1498年）、皮科·德拉·米兰多拉，以及主教、外交官兼作家金泰尔·德·贝奇（Gentile de' Becchi，1420/1430—1497年）。很显然，米开朗基罗肯定和柏拉图学院的成员们相处过一段时间，因为他后来写的诗作表达了许多相同的信念和信条。

《在洛伦佐·德·美第奇的卡雷吉别墅庆祝柏拉图诞辰》（*Celebration of Plato's Birthday at Lorenzo de'Medici's Villa in Careggi*），弗朗西斯科·富里尼（Francesco Furini），1636年。洛伦佐·德·美第奇在卡雷吉别墅，和身边的柏拉图学院成员们一起庆祝柏拉图诞辰。围在柏拉图坐姿雕像周围的客人有波利齐亚诺、兰迪诺和米兰多拉。洛伦佐伸手握住“哲学”，其具象为图中背朝我们的裸体女性。

《马尔西利奥·费奇诺》（*Marsilio Ficino*），安德烈·费鲁奇（Andrea Ferrucci，1465—1526年），1521年。在花之圣母大教堂雕刻的这尊半身像中费奇诺手握自己翻译的柏拉图著作。

解剖学知识

1492年4月洛伦佐·德·美第奇去世后，米开朗基罗回到父亲家中，这与他在美第奇宫廷中度过的奢华而激动人心的生活形成了鲜明对比。在接下来的几个月里，他雕刻了木制十字架，作为礼物送给位于阿诺河南岸的圣灵教堂（Basilica di Santo Spirito）修道院院长。院长允许他使用教堂医院的尸体进行解剖学研究。解剖学研究很少见也很困难，但意大利文艺复兴时期的艺术家们为了追求更逼真的人像表现，成功组织起了这项研究。直接动手解剖的机会非常有限。瓦萨里写道，佛罗伦萨雕刻家、画家兼版画家安东尼奥·波拉约（Antonio Pollaiuolo，1432—1498年）是“第一个为了研究人体肌肉、更现代化地了解裸体结构，而将众多尸体剥皮的大师”。米开朗基罗和莱昂纳多·达·芬奇（Leonardo da Vinci，1452—

《十字架》（*Crucifix*），约1493年。洛伦佐·德·美第奇死后，十七岁的米开朗基罗成为圣灵教堂修道院的客人，并在那里雕刻了图中的木制十字架，置于高高的祭坛上。

《半人马之战》（*Battle of the Centaurs*），约1492年。贝尔托尔多·迪·乔万尼有一幅经典浮雕，描绘了神话中拉庇泰人（Lapiths）与半人马之间的战争。米开朗基罗这幅未完成的浮雕正是受此启发，当时波利齐亚诺也推荐他以此为主题进行创作。这是他在洛伦佐·德·美第奇去世前的最后一幅作品。

《领主广场吉洛拉谟·萨伏那洛拉绞刑及火刑》(*Hanging and Burning of Girolamo Savonarola in the Piazza della Signoria*),艺术家不详,约1498年。1498年5月23日,狂热的牧师萨伏那洛拉被绑在火刑柱上烧死。他最后的遗言是:“主也为我受了这么多的苦。”该作品在描绘佛罗伦萨主要广场和周边地区时,采用了戏剧性的线性透视法。

《萨伏那洛拉纪念碑》(*Monument to Savonarola*),斯特凡诺·加莱蒂(Stefano Galletti,1832—1905年),约1875年。这座雕像位于萨伏那洛拉的出生地费拉拉,是雕刻家斯特凡诺·加莱蒂用白色卡拉拉大理石雕刻而成的。加莱蒂的作品刻画了站在柴堆上的萨伏那洛拉,尽管死刑将至,他仍然热切地布道。

萨伏那洛拉

1490年,在洛伦佐·德·美第奇的大力影响下,多米尼克派(Dominican)修士吉洛拉谟·萨伏那洛拉(Girolamo Savonarola,1452—1498年)成为佛罗伦萨圣马可修道院院长。然而,确立地位之后,他就极力鼓动人们和他一起,反对他眼中的社会堕落和颓废,试图帮助城市摆脱罪恶,而他的支持者美第奇家族就是过度奢侈的典型。萨伏那洛拉的影响力迅速增长,他在很短的时间内成为佛罗伦萨的实际统治者。1495年初,他开始燃起“奢侈品的篝火”。他和他的热烈支持者们收集着在他看来属于放纵自我欲望的物品,包括手稿、雕塑、绘画、挂毯、书籍、镜子、乐器、衣服、珠宝、化妆品和装饰品等。所有东西都被扔到领主广场上定期燃起的篝火中,无数无价之宝付之一炬。

萨伏那洛拉将佛罗伦萨人牢牢握在手中,但是在罗马,教皇亚历山大六世罗德里戈·博尔吉亚(Rodrigo de Borja,1431—1503年)对他没有什么好印象。1495年,萨伏那洛拉敦促佛罗伦萨人不要加入教皇对抗法国的神圣同盟时,梵蒂冈将他召至罗马。萨伏那洛拉以自己身体不好和害怕在旅途中遇袭为由拒绝前往。为此,教皇禁止他继续传教,但萨伏那洛拉无视禁令,于1497年被逐出教会。佛罗伦萨人终于厌倦了他的极端教义,转而反对他,将他抓捕。他被判为异教徒,并于1498年5月遭受火刑。

1519年）都成功进行了详细的解剖研究，从而为现实主义树立了新的标准。渐渐地，越来越多的艺术家开始研究和解剖尸体，这一时期委托艺术家进行创作的赞助人也开始期待作品能达到解剖学意义上的准确性。大约在1510年之前，包括波拉约、达·芬奇和米开朗基罗在内的艺术家们对解剖学的了解已经超出大学教授的范围。

同样在15世纪90年代，传言米开朗基罗曾购买一大块大理石，用它雕刻了一尊比真人还大的赫拉克勒斯（Hercules）雕像，这尊雕像被送到法国，但现在已经失去了踪影。没有人知道是谁赞助了这项创作。1494年1月，一场大雪过后，洛伦佐的继承人皮耶罗·迪·洛伦佐·德·美第奇委托米开朗基罗创作一尊冰雪雕像，于是他再次进入了美第奇宫廷。雪雕融化后不久，美第奇家族就被驱逐出了佛罗伦萨，米开朗基罗也离开了这座城市。

动荡的佛罗伦萨

1492年，洛伦佐·德·美第奇的儿子皮耶罗继承父亲的权位。当时人们称他为皮耶罗二世，后来他又变成了“倒霉的皮耶罗”，因为就是他让美第奇家族被驱逐出佛罗伦萨的。1494年，法国查理八世入侵意大利北部，要求世袭那不勒斯王国。法国军队进入托斯卡纳时，皮耶罗决心发起抵抗，但他没有得到贵族的支持，法国军队到达比萨时，皮耶罗投降了。然后他全盘接受了查理八世的所有要求，这种糟糕的处理方式让佛罗伦萨人非常愤怒。他们将皮耶罗二世流放，恢复了共和政府。

威尼斯和博洛尼亚

1494年，米开朗基罗和两个同伴去了威尼斯，但他们只待了几天，钱很快就花光了。佛罗伦萨盛行基于古希腊和古罗马艺术的文艺复兴，但当时的威尼斯人对这一浪潮并没有多大兴趣，因此没有人委托他们进行创作。回佛罗伦萨的路上，他们来到了博洛尼亚。然而，米开朗基罗和他的朋友们没有遵守当地的法律，在小指甲上盖红色的封蜡，表明自己的游客身份。他们被拘留在税务局，并被处以罚款50枚博洛尼亚币（当时称为博洛尼尼），但他们无力支付。当地贵族兼政治家吉安·弗朗西斯科·阿尔德罗万迪（Gian

《手持烛台的跪地天使》（*Kneeling Angel Holding a Candelabra*），米开朗基罗，1494—1495年。之前已经有雕刻家在神殿上创作了一尊天使雕塑，米开朗基罗创作的这尊天使与前人的作品相呼应，但看起来更真实、自然。完成这尊雕塑，米开朗基罗收到了十二枚杜卡特金币（Ducats）。

Francesco Aldrovandi，出生日期不详—1512年）利用他的影响力帮米开朗基罗免除了罚款。他的朋友们只能自己想办法。阿尔德罗万迪邀请米开朗基罗前往附近博洛尼亚市中心大街上自家的宫殿入住，米开朗基罗接受了邀请。他每天晚上都给阿尔德罗万迪朗读但丁、彼特拉克或薄伽丘的作品，同时也受阿尔德罗万迪委托，为当地圣多梅尼科教堂（San Domenico）尚未完工的神龛创作三尊大理石雕像。米开朗基罗尽职地完成了圣白托略（St Petronius）和圣普罗库鲁斯（St Proculus）两尊大理石雕像，以及跪地天使。这几件作品都非常优秀，但没有表现出米开朗基罗不久后成名时的非凡水准。即便如此，他还是引起了其他雕塑家的不满，因为他享受着名人待遇，免费住在豪华的宫殿里，有人购买他的作品并为他支付材料费，而他们必须自己支付租金并购买工具和材料。然而，这样的工作并不多，大约一年后，米开朗基罗回到了佛罗伦萨。

《圣普罗库鲁斯》（*St Proculus*），1494—1495年。这尊小雕像或许是以米开朗基罗自身为原型，表现的是博洛尼亚的殉教者圣普罗库鲁斯。这是米开朗基罗为圣多梅尼科教堂的神龛雕刻的两位圣人之一。

《圣白托略》（*St Petronius*），1494—1495年。博洛尼亚的守护神圣白托略是米开朗基罗为博洛尼亚的圣多梅尼科教堂创作的三座雕塑之一。他收到了十八枚杜卡特金币作为报酬。

赝品丘比特

米开朗基罗回到佛罗伦萨时，这座城市已经发生了巨变。萨伏那洛拉是名副其实的统治者，在他清教徒式的统治下，整个佛罗伦萨没有人再委托艺术家进行艺术创作。尽管如此，一些重返佛罗伦萨的年轻美第奇家族成员还是对米开朗基罗的回归表示欢迎。洛伦佐·迪·皮耶尔弗朗切斯科·德·美第奇（Lorenzo di Pierfrancesco de' Medici，1463—1503年），外号波波拉诺（意为平民），是洛伦佐的表兄。他曾对抗过"倒霉的皮耶罗"，因此得以重返佛罗伦萨。现在他再次邀请米开朗基罗到美第奇家居住。米开朗基罗接受了邀请，他在那里创作了至少两件新雕塑。一个是年轻的施洗者圣约翰小雕像，另一个是睡着的丘比特［Cupid，希腊名是厄洛斯（Eros）］。这两件作品现在都已失传，但丘比特的创作很可能源于美第奇家族收藏的一件古董雕塑，米开朗基罗对这件雕塑很熟悉。目前还不清楚是米开朗基罗本人还是洛伦佐·迪·皮耶尔弗朗切斯科决定了下一步计划，总之米开朗基罗的这座雕塑被人为地埋到地下做旧，然后被送到罗马，以两百杜卡特金币的价格卖给枢机主教拉菲尔·瑞阿里奥（Cardinal Raffaele Riario，1461—1521年）。后来，瑞阿里奥发现他买的是赝品，坚持要求退款。

《睡着的厄洛斯》（*Sleeping Eros*），未知艺术家，公元前330—前310年。这尊古希腊雕像刻画了睡梦中的厄洛斯。二十一岁的米开朗基罗住在洛伦佐·迪·皮耶尔弗朗切斯科家时，雕刻过一尊与之相似的雕像，后来卖给了罗马的枢机主教瑞阿里奥。

罗马

枢机主教瑞阿里奥非但不怨恨米开朗基罗，还对这个年轻人很感兴趣，因为他与洛伦佐·德·美第奇关系密切，并且技艺高超，以假乱真地用“古董”雕塑骗过了自己。瑞阿里奥是当时古董雕塑的收藏家代表之一，他派银行家雅各布·加利（Jacopo Galli，1460—1505年）去佛罗伦萨寻找米开朗基罗，将他带回罗马。1496年6月底，加利和米开朗基罗回到罗马，在接下来的两年里，米开朗基罗在加利位于坎波菲奥里附近的豪宅里生活、工作。枢机主教瑞阿里奥向米开朗基罗展示了他收藏的古玩雕塑，向他征询了艺术品方面的意见，付钱请他帮忙购买更多古董，并委托他雕刻一尊真人大小的酒神巴克斯（Bacchus），与古董雕塑成为一对。然而，1497年7月，米开朗基罗完成雕塑后，瑞阿里奥拒绝接收。原因尚不清楚。也许它看起来太过“现代”，或者是瑞阿里奥购买的大理石质量低劣，也可能他单纯地不喜欢米开朗基罗对这个异教酒神的诠释。不管出于什么原因，米开朗基罗把作品卖给了加利。米开朗基罗雕刻的巴克斯醉醺醺地倚靠在岩石上，戴着常春藤花环，一只手拿着高脚杯靠近嘴边，另一只手握着一张狮子皮。他的左腿后面有一位森林之神萨蒂尔（Satyr）。米开朗基罗的《酒神巴克斯》（*Bacchus*）虽然仿照了古典希腊雕塑，并且经过人工雕琢富有仿古的外观，但还是比理想中多了一份人情味。他的酒神巴克斯显然是醉了，身体看起来摇摇晃晃，不像其他任何古典雕塑。

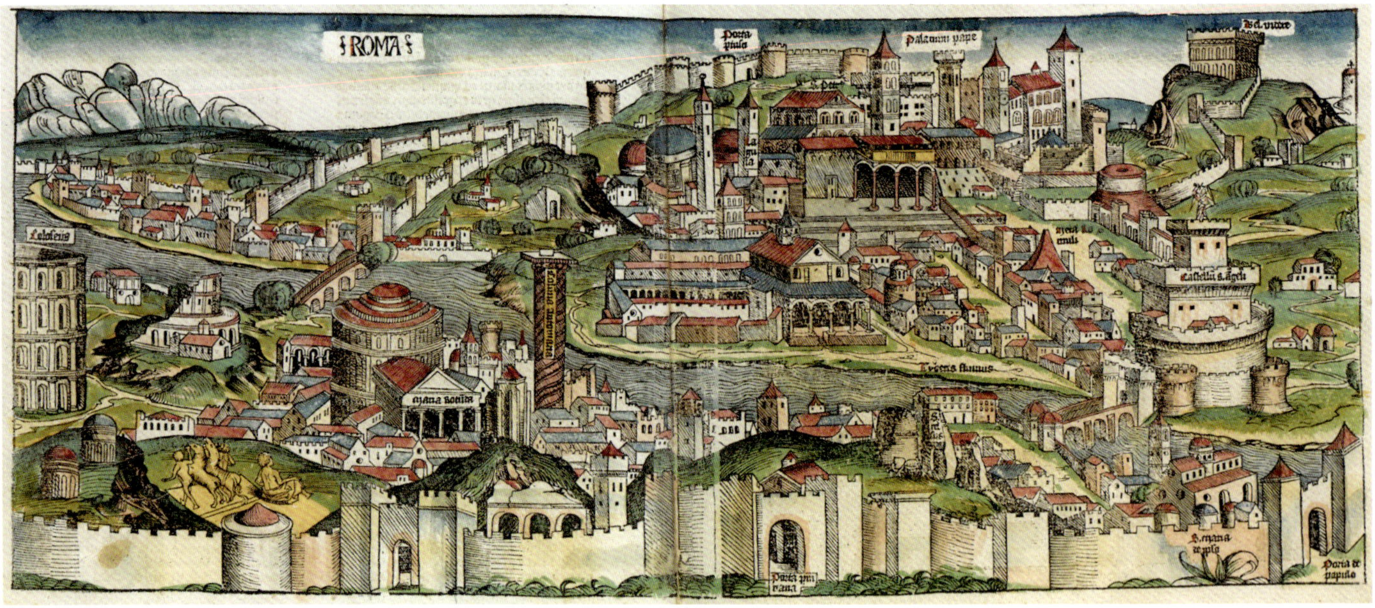

罗马城市风景，载于1493年的《纽伦堡编年史》（*Nuremberg Chronicle*）。《纽伦堡编年史》是一本插图书，由哈特曼·舍德尔（Hartmann Schedel，1440—1514年）用拉丁文写成，插图由纽伦堡艺术家迈克尔·沃格穆特（Michael Wolgemut，1434—1519年）和威廉·普莱登伍夫（Wilhelm Pleydenwurff，1450—1494年）绘制。米开朗基罗当时就住在罗马。除了几个西方城市的历史，《纽伦堡编年史》还收录了一些《圣经》中的故事。

《酒神巴克斯》，1496—1497年。这尊被瑞阿里奥拒收的巴克斯雕像，看起来像是喝醉了一般摇摆不稳。他丰满的胸部和腹部被瓦萨里描述为“既有年轻男子的苗条身材，又有女性的丰满圆润”。

巴克斯身旁的森林之神萨蒂尔细节。这个小小的萨蒂尔躲在巴克斯身后，吃着从酒神左手滑落的葡萄。半人半羊的萨蒂尔在异教神话中很常见，经常与酒神巴克斯为伍。

《曼彻斯特圣母》

《圣母子、圣约翰和天使》(*The Madonna and Child with St John and Angels*，也称《曼彻斯特圣母》)，约1497年，可能追溯至1494年。在这幅未完成的面板画中，玛利亚、耶稣和施洗者圣约翰坐在一块岩石上。玛利亚身边的天使还没有画完，用绿色为浅肤色打底遵循了传统画法。玛利亚裸露的乳房暗示着她刚刚喂饱了孩子，孩子正试着抓住她手里的书。如果当年他完成了画作，那么阴影部分和交叉影线的笔触就看不见了。

住在罗马期间，米开朗基罗开始创作一幅面板画。我们不知道是谁委托他进行创作的，也不知道他为何没有完成。画作某些部分的细节已经很丰富，而其他部分几乎没有开始。有可能他收到更有吸引力的创作委托，于是停止了这项工作。米开朗基罗为人所知的面板画仅有三幅，因此这幅作品极其珍贵。另外，作品尚未完成，因而为我们揭示了他的很多绘画技巧。他的绘画方法让他超越了其他文艺复兴鼎盛期的著名画家，并且影响了众多后人，这种画法称为换色法（Cangiante），是意大利语中“变换”的意思。其特征是通过颜色变化描述黑暗或光明，比如头发的黄色部分能够表现出棕发的高光区域。米开朗基罗采用简单的背景，让笔下的人物仿佛置身于雕刻的饰带中，同时使用强烈的色调过渡，所有这些都反映了他对雕塑的偏好。他在天青石色或亮蓝色的圣母披风上涂上黑色来加强阴影。这可能是米开朗基罗最早的面板画，自1857年起获称《曼彻斯特圣母》(*The Manchester Madonna*)，当时它在英国曼彻斯特艺术展上展出，“接待”了约130万观众。

委托创作

1497年秋，查理八世的法国驻罗马大使枢机主教让·比勒赫斯·德·拉格劳拉斯（Cardinal Jean Bilhères de Lagraulas，1434/1439—1499年）委托米开朗基罗创作一件雕塑作品。让·比勒赫斯在一封信中写道，他计划将这件作品用于他的墓碑，这尊雕塑就是《圣母怜子像》。在基督教艺术中，《圣母怜子像》蕴含着“怜悯”，描绘的是圣母玛利亚抱着耶稣的尸体。他写道：“我们最近与佛罗伦萨雕塑家米开朗基罗大师达成协议，请他为我们制作一块大理石墓碑，具体是穿戴整齐的圣母玛利亚，怀里抱着赤裸着死去的耶稣。”耶稣的雕像要“和真人一样大”。他们在1497年达成了协议，但到1498年夏天才正式签署合同，米开朗基罗这才开始工作。尽管如此，自1497年11月起，这位艺术家就开始一直在卡拉拉的采石场寻找合适的大理石。

《圣母怜子像》

加利代表米开朗基罗与让·比勒赫斯·德·拉格劳拉斯签订了《圣母怜子像》的委托创作合同，同意对最终成品收取四百五十杜卡特金币，大理石的费用另算。这是米开朗基罗创作《酒神巴克斯》所获酬劳的三倍。枢机主教想把这座雕像放在他的墓室，也就是圣彼得大教堂的圣佩德罗尼拉礼拜堂（Santa Petronila），而米开朗基罗只用了不到两年时间便完成了作品。金字塔结构的作品中，比真人还大的圣母玛利亚将她儿子的尸体放在腿上。雕塑表现了耶稣被钉死在十字架上之后，遗体尚未放入坟墓的时刻，相比于意大利，这一主题在北欧更为常见。

这尊雕塑故意做得不成比例，但乍看之下并不显眼。与耶稣相比，圣母马利亚的体型过大。这是出于技术需要，这样才能正好把耶稣横放在她的腿上。然而，唯一的批评是

圣母看起来太年轻，不像三十多岁男人的母亲。米开朗基罗坚持认为，她在人间永葆青春是因为她具有圣洁而美好的灵魂。这是他唯一签过名的作品。据瓦萨里说，雕塑上的罩布揭开时，米开朗基罗偶然听到游客们说这件伟大的作品来自“米兰的哥们儿”，指的是雕塑家克里斯多弗罗·索拉里（Cristoforo Solari，1460—1527年）。某天晚上，被激怒的米开朗基罗在圣母胸前的斜肩带上刻下了一行字：“佛罗伦萨的米开朗基罗·博那罗蒂所作”（MICHELANGELUS BUONARROTUS FIORENTINUS FACIEBAT）。那个时期的艺术家通常不会在作品上签名。另外，他给自己取名“天使米迦勒”也很不寻常，象征着上帝派来的信使或天使长。此举表现出他对自己作品的骄傲和对自己天才的自信。但后来，他对自己的傲慢感到后悔，再也没有在作品上签名。1500年7月，雕像安置在枢机主教的葬礼教堂里，米开朗基罗因此一举成名。

《圣母怜子像》，1498—1499年。《圣母怜子像》是理想主义与写实主义的结合，米开朗基罗对这一主题的演绎前所未见。用冰冷、坚硬的大理石来表现温暖、柔软的肌体和悬垂的面料，对于这样一位年轻、缺乏经验的艺术家来说，更显得与众不同。18世纪，米开朗基罗的《圣母怜子像》被搬到圣彼得大教堂的其他位置安放。

玛利亚的头部，《圣母怜子像》细节，正面。米开朗基罗为圣母玛利亚雕刻了复杂、飘动、富有褶皱的织物，用来掩盖她过于庞大的身体。他对这件作品精雕细琢、耐心打磨，这是他的其他雕塑都未曾享有的待遇。

《埋葬》(*The Entombment*)，1500—1501年。这幅画是米开朗基罗仅存的三幅面板画之一，展示了耶稣受难后，他直挺挺的身躯被抬进坟墓。左侧抬着耶稣身体的人很可能是福音传道者圣约翰，后面的人或许是亚利马太的约瑟（Joseph），或者是尼哥底母（Nicodemus），另外还有三位玛利亚的身影。未完成的这幅画让我们对米开朗基罗的绘画技巧有了一定了解。他没有采用油画技巧，而是按照蛋彩画的方法，总是画完一个人物再开始下一个。他没有遵循油画的传统画法，在不透明的油画颜料上，涂上透明釉料，而是在颜料还未干时不停混合其他颜色和色调。

卡拉拉

卡拉拉大理石从古罗马时代就在使用，这是一种特殊的白色或蓝灰色大理石，开采于卡拉拉市，位于今天的托斯卡纳北部。卡拉拉采石场生产的大理石比世界上任何地方都多。许多著名作品，包括罗马的万神殿（Pantheon，113—125年）和图拉真纪功柱（Trajan's Column，107—113年）均用卡拉拉大理石制成。和当时的许多雕刻家一样，米开朗基罗也很喜欢这种材料。1497年11月底到12月底，他多次前往卡拉拉，为他的《圣母怜子像》挑选大理石。他甚至在卡拉拉建立了工作室，对他所选的大理石进行预先处理，然后运往罗马。他找到合适大理石的时候宣布，他将以此为枢机主教的坟墓制作雕塑，而这是他用过的最“完美”的大理石。

托斯卡纳的卡拉拉采石场生产的大理石比世界上其他任何地方都多。这是某个卡拉拉采石场，位于意大利北部的马萨-卡拉拉省。

《圣彼得》(*St Peter*),1501—1504年。锡耶纳大教堂(Siena Cathedral)的皮科洛米尼祭坛(The Piccolomini Altarpiece)是由弗朗切斯科·皮科洛米尼(Francesco Piccolomini,1439—1503年)于1481年至1483年委托制作的。他是一位枢机主教,后来短暂担任过教皇庇护三世。米开朗基罗在佛罗伦萨等待《大卫》的委托合同时,接受了枢机主教的委托,为他创作了四尊圣徒雕塑,分别为圣彼得、圣保罗(Paul)、圣格雷戈里(Gregory)和圣皮尔斯(Pius)。图中雕像为圣彼得,他右手提着斗篷,左手拿着一本书。

《圣保罗》(*St Paul*),1501—1504年。枢机主教皮科洛米尼委托米开朗基罗为锡耶纳大教堂雕刻十五尊大理石雕像,但他只完成了四尊便开始忙得不可开交。这导致了米开朗基罗和皮科洛米尼家族之间的长期争执。

佛罗伦萨的挑战

米开朗基罗在罗马完成了《圣母怜子像》后不久就回到了佛罗伦萨。自萨伏那洛拉于1498年获刑后，佛罗伦萨共和国开始重新审视自己，人们对艺术的兴趣也开始复苏。1501年春天，这位艺术家在罗马接受了其他几项委托，攒下大量积蓄后，回到了佛罗伦萨。1497年到1501年间，他挣的钱比他父亲十年间挣的还多，他已经成为公认的大师。

一个世纪前，佛罗伦萨大教堂作品办公室的监察员决定委托艺术家为大教堂的拱壁创作十二个巨型旧约人物雕塑，这些监察员大多来自极具影响力的羊毛商行会（Arte della Lana）。1410年，多纳泰罗完成了第一座雕像，是一尊约书亚（约书亚）陶瓦。1464年，监察员委托雕塑家阿戈斯蒂诺·迪·杜乔（Agostino di Duccio，1418—1481年）创作《圣经》中的英雄大卫的雕像。他们特意为此找来了一块卡拉拉大理石，但阿戈斯蒂诺刚刚开始塑造雕像，就不知为何放弃了这个项目。十年后，安东尼奥·罗塞利诺（Antonio Rossellino，1427—1479年）受委托完成这项工作，但委托合同在很短的时间内遭到终止，同样原因不明，大理石块就这样留在了大教堂车间的院子里二十六年之久。监察员决定找一位艺术家，将这块巨大而昂贵的大理石打造为艺术品，完成由阿戈斯蒂诺开始的工作。他们对外宣布，想将任务委派给一位成就卓绝的雕刻家。安德烈·桑索维诺（Andrea Sansovino，1467—1529年）提出了申请，并表明自己将用原来的石块，辅以额外的大理石块完成雕像。随后米开朗基罗提出了申请，表明自己可以完全采用原有大理石制作大卫雕像，不需要额外的大理石块。1501年8月，米开朗基罗收到了委托合同，接手了这项挑战。

《大卫和吊索》（*David with his Sling*）草图，1503—1504年。关于大卫雕像的最终效果，米开朗基罗探索了几个想法。由于大理石已经被很大程度上削减过，米开朗基罗计划让雕像全裸，但同时又想展示他拿着吊索的样子。

第3章
命运浮沉

中世纪时期和文艺复兴早期的佛罗伦萨，人们经常选举正义旗手在政府担任重要职位，相当于最高行政官。1502年，佛罗伦萨有史以来第一次选举产生终生正义旗手统治这座城市，并居住在维琪奥王宫（当时被称为领主宫）。皮埃罗·索德里尼（Piero Soderini，1450—1522年）家庭背景富有而显赫。事实证明，他是一名温和体贴的统治者，后来成为米开朗基罗的赞助人和挚友。

《大卫》

1501年9月13日清晨，米开朗基罗开始雕刻大卫雕像，此时距他签订委托合同已过去一个月，这项工作持续了大约二十一个月。一开始，他的工作空间完全敞开，所有想参观的人都可以参观。但到了1501年10月，他花钱在雕像周围修了一堵墙。到了12月，他又给墙加盖了屋顶。到1502年2月底，他和赞助人重新谈妥作品的酬劳，将其增加到四百杜卡特金币，这在当时是一笔很大的数目。1503年6月23日的圣约翰节，监察员移走了雕像周围的墙，任何想观看创作进程的人都可以观摩。人们发现，这尊雕像太精致了，不应该像最初设想的那样放在教堂高处，而应该放在能够近距离观赏的地方，让更多人看到。然而，人们无法决定它应该放在哪里。因此，第二年的1月，艺术品监督员召集了二十八位艺术家和建筑师，共同决定其安身之处。受邀的都是备受尊敬的人物，有波提切利、佩鲁吉诺（Perugino，1446/1452—1523年）、菲利皮诺·利皮（Filippino Lippi，1457—1504年）和达·芬奇。经过一番深思熟虑，他们最终决定将米开朗基罗的大卫雕像放在领主广场，也就是佛罗伦萨的主广场上。把这座巨大的雕像从诞生地转移到安置地用到了大量工程技术，还要四十多名工人转动绞车拖着它前进，为了拉着它穿过街道还特意定制了一辆马车。雕像揭幕之前还有重兵把守。他们花了四天时间，才把它从大教堂作品办公室的后院搬到领主广场，两者之间隔了几百米。面纱揭开，大部分观赏者都惊叹于其宏伟的形象，赞叹冰冷、坚硬的大理石竟然看起来如此柔软、温暖。然而，有些人对其公然裸露的身躯感到震惊。无论如何，大卫是一位希腊神，象征着佛罗伦萨的力量。

《大卫》，1501—1504年。雕塑描绘了《圣经》中用吊索和小石块杀死了巨人歌利亚的年轻牧羊人。米开朗基罗塑造出了一副强壮、窄长的身体，通过对立式平衡的姿态传达出力量和美感。

大卫的头部，第38页雕塑的细节。瓦萨里提到，索德里尼第一次看到雕像时，就说大卫的鼻子太大了。米开朗基罗拿着凿子和一些大理石粉末，爬上去假装改造鼻子，一边“工作”一边往下撒粉末。他爬下来之后，索德里尼评价称，大卫的脸部得到了改善。

大卫的手，第38页雕塑的细节。大卫的右手握着一块小石头。尽管手部细节丰富，通过突出的血管体现了当时紧张的氛围，但它与身体的其他部位不成比例。这可能象征着大卫的绰号“强壮的手”（Manu Fortis）；或者说从下方仰望雕塑时，手部和身体其他部分能达到视觉平衡；又或者，它表现了成长中的年轻人不甚相称的四肢。

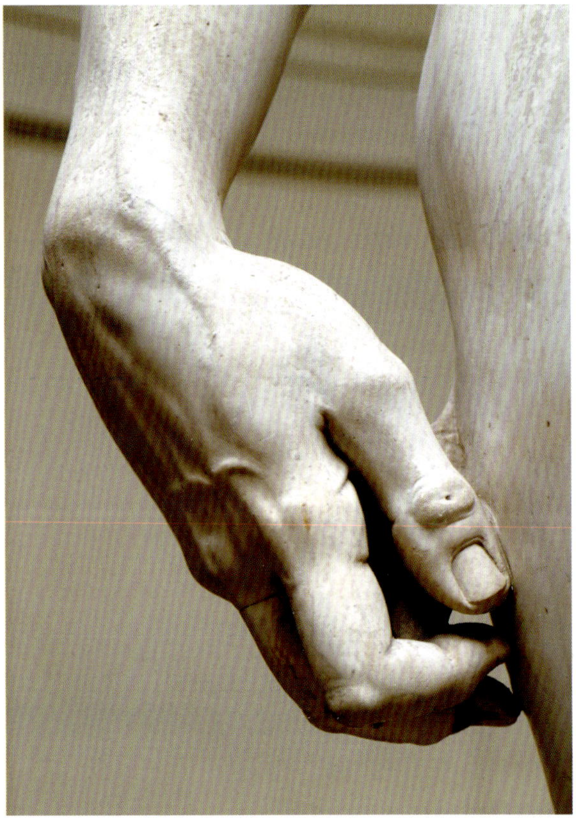

竞争对手

至此，米开朗基罗已经是一位受人尊敬的知名艺术家，因此在创作《大卫》的同时，他还收到了其他委托。1503年底，达·芬奇受正义旗手皮埃罗·索德里尼的委托，在维琪奥王宫的议事大厅墙上绘制一幅《安吉亚里战役》(*The Battle of Anghiari*)，那里是佛罗伦萨议会定期开会的地方。在如此重要的场所，他受人委托完成这项光荣使命，纪念1440年佛罗伦萨战胜米兰的伟大胜利。1504年秋，索德里尼委托米开朗基罗在达·芬奇的画旁边绘制了一幅同样大小的《卡西纳之战》(*The Battle of Cascina*)。1364年的卡西纳战役中，佛罗伦萨又一次获得胜利，这一次对手是比萨。虽然米开朗基罗和达·芬奇的关系尚不清楚，但他们似乎不太喜欢对方。目前尚未发现两人之间有任何关联或交流。达·芬奇比米开朗基罗大十六岁，后者从罗马回来时，达·芬奇已经在佛罗伦萨站稳脚跟。达·芬奇的早期传记作家描写他为人善良慷慨，而米开朗基罗则热情奔放、容易发火、对自己苛刻。索德里尼后来声称，他希望两人之间产生竞争，促使他们更好地创作。然而，邀请到两人创作壁画纪念战役胜利，他所希望的竞争并没有收到多大效果。1505年7月6日，达·芬奇开始了壁画创作，此前已经做好了部分准备工作。他绘制了骑兵、战士和战马近距离搏斗的样子。米开朗基罗为他的作品制作了大型底画，描绘了一群几乎赤身裸体的士兵在阿诺河洗澡时遭受伏击并立即采取行动的场景。1506年春天，达·芬奇放弃了未完成的画作，开始着手其他紧迫的工作。由于颜料配方的问题，达·芬奇动手绘制的部分很快开始褪色。至于米开朗基罗，1505年时，他

《布鲁日圣母像》(*Madonna of Bruges*)，1504—1505年。雅各布·加利为米开朗基罗谈下了这份委托，为布商让·毛赫龙（Jean Mouscheron）和亚历山大·毛赫龙（Alexandre Mouscheron）在布鲁日的家族教堂制作雕塑。作品的金字塔结构和圣母的脸都与《圣母怜子像》十分相似。然而不同寻常的是，耶稣是一个站立着的幼童，依靠在母亲身上，而非坐在她身上的婴儿。

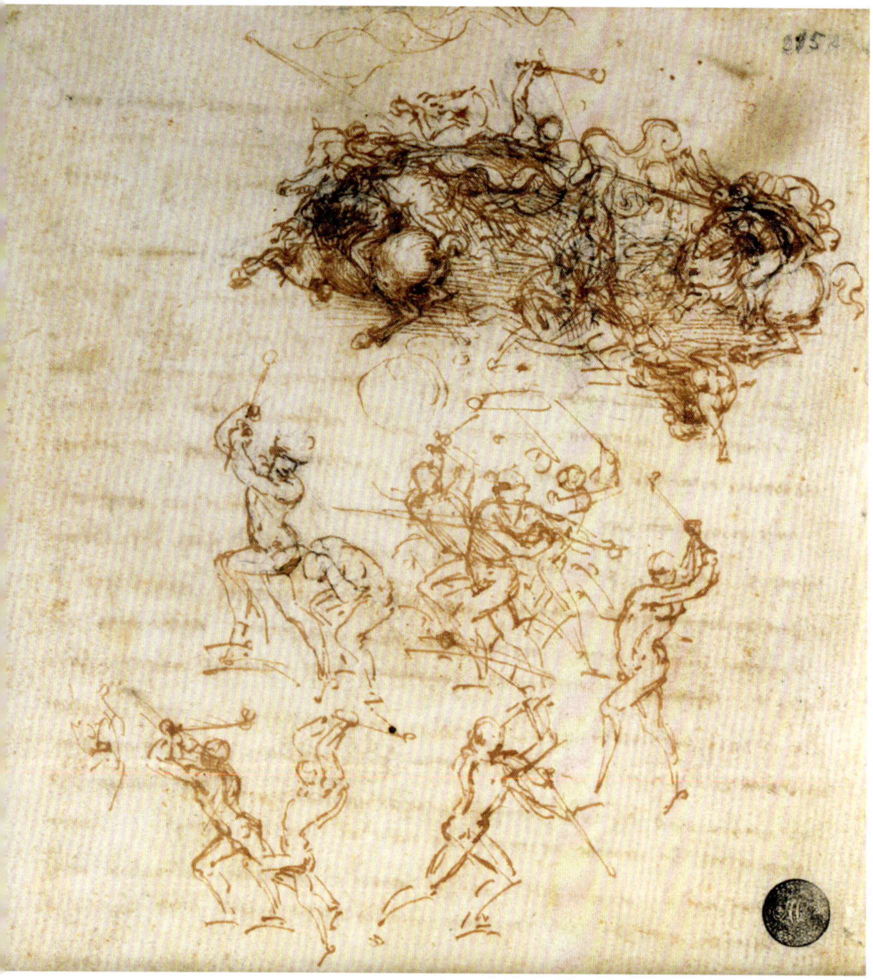

《安吉亚里战役》(*Battle of Anghiari*)草图，莱昂纳多·达·芬奇，1503—1504年。佛罗伦萨共和国决定为他们最重要的政治委员会建造会馆，他们委托艺术家绘制两幅大型壁画来彰显成功和自信，并选择了两次佛罗伦萨的重要战役的胜利作为壁画主题：安吉亚里战役和卡西纳战役。这幅草图描绘了战斗中的骑兵和步兵，是达·芬奇为壁画所做的准备工作，也是少数几幅现存的素描之一。他从来没有真正完成这幅作品，但其他艺术家对完成的部分进行了复制。

《卡纳西之战》(*The Battle of Cascina*)或《沐浴者》(*The Bathers*)，临摹米开朗基罗原作，巴斯提亚诺·(亚里士多德)·达·桑加洛［Bastiano (Aristotile) da Sangallo，1481—1551年］，1542年。米开朗基罗为《卡纳西之战》所绘的底画受到同时代艺术家的敬仰和研究，但并没有流传下来。根据瓦萨里的说法，米开朗基罗的竞争对手巴托洛米奥·(巴乔)·班迪内利［Bartolommeo (Baccio) Bandinelli，1488—1560年］出于嫉妒，毁掉了底画。幸运的是，他的学生亚里士多德·达·桑加洛复制了图像的中央部分。尽管其他艺术家也复制了这幅画，但这是现存临摹作品中最著名的一幅。画面中的人物充满力量，身形扭曲、准备行动，体现了战争早期佛罗伦萨军队遭比萨人突袭的场景。

被教皇召到罗马，因此甚至没有真正开始绘制壁画。这两幅壁画本应展现的风采通过其他艺术家的复制品保存了下来，对整个意大利的绘画领域产生了重大影响。两幅作品都情绪激烈、充满动感、技巧娴熟，但达·芬奇更关注马和战斗本身，而米开朗基罗关注的是人物，包括他们的生理结构、手势和情感。

裸体男性坐姿扭转身体，1504—1505年。这个人物形象处在米开朗基罗《卡西纳之战》的中心，虽然姿势很不自然，但其本意是将观赏者的注意引到后面的人物身上。米开朗基罗只完成了这幅作品的底画，但所有看到作品的人都对他营造出的强烈动感钦佩不已。

正面、面朝右侧男性裸体草图，约1504年。从17岁开始，米开朗基罗就在圣灵教堂修道院的医院里解剖尸体。教皇西斯都四世允许对死刑犯进行公开解剖，对精确人体结构的关注成为艺术创作的一个重要方面。

《圣家族》(*DONI TONDO*)

这幅画或许旨在庆祝佛罗伦萨富商阿格诺罗·多尼（Agnolo Doni，1474—1539年）和他的妻子、贵妇玛达莱娜·斯特罗齐（Maddalena Strozzi，1489—1540年）迎来了第一个新生儿。据我们所知，这是米开朗基罗完成的唯一的面板画，也是仅存的三幅面板画之一。这幅画也被称为《神圣家族》(*The Holy Family*)，画面为圆形，在当时的意大利豪宅中非常流行。米开朗基罗还设计了木制的框架，画面中的耶稣、圣母玛利亚和约瑟构成了引人注目的金字塔结构。玛利亚位于画面中间，是最突出的人物，坐在约瑟前面的地上，举起双手从约瑟手中接过孩子。她身下的草地与身后贫瘠的土地形成鲜明对比。背景景观为山脉和绿植，五个不知名的裸体人物似乎在各自忙碌。他们可能代表灵魂和智力。同样位于后侧，但比裸体人物更靠近前景的是施洗者约翰，佛罗伦萨的守护神，在他和圣家族之间有一条横带。作为一名雕刻家，米开朗基罗以雕塑的方式灵活运用颜料，用不同色调打造强烈的差异，特别是根据换色法，用深色表现阴影，浅色表现高光。另外画中人物所穿衣物的褶皱面料及其悬垂效果也为画作添加了雕塑视感，人物的皮肤和头发也得到了完美呈现。

《神圣家族与婴儿施洗者圣约翰（圣家族）》[*Holy Family with the Infant St John the Baptist (Doni Tondo)*]，1505—1506年。据我们所知，这是米开朗基罗完成的唯一的面板画。圆形的画面在当时很流行，人物构成了雕塑般的金字塔结构，填补画面空间。图像中的植物都具有象征意义，例如矢车菊象征着耶稣，银莲花则象征着耶稣受难。

教皇尤利乌斯二世

1503年11月1日，枢机主教朱利安诺·德拉·罗韦雷（Cardinal Giuliano della Rovere，1443—1513年）被选为教皇尤利乌斯二世（Julius II）。人们常说，他给自己起的教皇称谓来自尤利乌斯·恺撒（Julius Caesar）。在位十年，他因各种成就而被人们铭记，尤其是在战争和艺术方面。他被称为“战神教皇”或“可怕教皇”，但他同时也是那个时代伟大的艺术赞助人之一。在史上历时最短的教皇选举会议中，枢机主教们一致投票选举尤利乌斯二世为教皇。在位期间的大部分时间，他都在和意大利城邦作战。他首先消灭了罗马最有权势的人，包括恺撒·博尔吉亚（Cesare Borgia，1475—1507年）以及强大的科隆纳家族（Colonna families）和奥尔西尼家族（Orsini families）的首领。巩固了自己在罗马的统治地位后，他携手法国的路易十二（Louis XII）、阿拉贡的费迪南德二世（Ferdinand II）、神圣罗马帝国的马克西米利安一世（Maximilian I），镇压威尼斯共和国的扩张。1506年，他率领教皇军队对抗暴君，试图解放博洛尼亚和佩鲁贾。他还信仰人文主义和新柏拉图主义，在他的艺术赞助下，人文主义、新柏拉图主义和基督教义三种学说在视觉体现上得到融合。他收集了大量古代雕塑，并试图重建罗马。他首先拆毁了君士坦丁大帝（Constantine the Great，272—337年）建造的老圣彼得大教堂，并下令按照宏伟的设计进行重建。为此，他委托了建筑师多纳托·布拉曼特（Donato Bramante，1444—1514年），他在1506年4月为建筑埋下奠基石。为了装饰梵蒂冈的大教堂和房间，他委托了米开朗基罗和拉斐尔（Raphael，1483—1520年）等艺术家。任职十年后，尤利乌斯去世，当时他正准备征战奥斯曼帝国，夺回君士坦丁堡。

《教皇尤利乌斯二世像》（*Portrait of Julius II*），拉斐尔，约1511年。时年六十八岁的教皇尤利乌斯二世去世前不久，请拉斐尔画的三幅肖像画之一。他坐在椅子上，一只手抓着扶手。椅背上有两个橡子形把手，橡子是尤利乌斯盾徽的一部分。这张肖像比以往任何一幅教皇肖像都要随意、轻松。

教皇尤利乌斯二世的陵墓设计，1505—1506年。米开朗基罗欣然接受了教皇的权威委托，为他建造陵墓。他完成了包括本图在内的几幅设计图，展示如何将所有雕像放置在柱子、拱门和壁龛组成的三层布局中。教皇参与并批准了米开朗基罗的设计。

罗马传召

1505年2月，教皇尤利乌斯二世在罗马召见米开朗基罗。米开朗基罗完成了《卡西纳之战》壁画底画后，带着梵蒂冈寄来的一百杜卡特金币离开了佛罗伦萨。三月底，他到达罗马，进入教廷，发现那里还聚集着其他几位雄心勃勃的艺术家和建筑师，包括拉斐尔和多纳托·布拉曼特。为了实现重建罗马的壮志，教皇召集了一批最优秀的创造性人才。其中雕塑家和建筑师朱利安诺·达·桑加洛（Giuliano da Sangallo，1445—1516年）推荐了米开朗基罗为教皇完成一件特别的个人作品。教皇有个理想，他想在圣彼得大教堂为自己建造一座宏伟的陵墓，要比任何其他陵墓都壮观，以此纪念他担任教皇时期的成就。

教皇的陵墓

新的圣彼得大教堂正在施工中，尤利乌斯二世开始计划在教堂中为自己建造一座宏伟的陵墓。早在1505年，米开朗基罗刚受到教皇的委托，就立刻开始了初稿设计。根据第一份合同（已遗失），最初的工程预算为一万杜卡特金币，计划在五年内完成。原计划中的教堂是独立建筑，以壁龛为特色，摆放约四十尊大理石雕像。其中有“两个扶着灵柩的天使”，一个为教皇尤利乌斯的生而微笑，一个为他的死而哭泣。这个巨型纪念碑必须有自己的安置点，因为圣彼得大教堂没有足够的空间容纳它。有人建议把它安置在专门的小教堂或圣坛，建造工程几年前就已经开始，但从未完成。1505年4月，教皇和米开朗基罗最终敲定了奢华纪念碑的建造方案，米开朗基罗获得了一千杜卡特金币的预付款。除了大型大理石雕塑，他还计划制作青铜浮雕来展示教皇的成就。他当时还相当乐观，因为尤利乌斯当教皇还不到两年。米开朗基罗画了好几幅设计图，还花了八个月的时间，在卡拉拉挑选最好的大理石，监督采石和运输工作。然而在此期间，教皇的关注点发生了变化。米开朗基罗回到

《圣马太》(*St Matthew*),1505—1506年。米开朗基罗受到委托,要创作十二尊耶稣门徒雕像,竖立在佛罗伦萨大教堂唱诗班的壁龛中,但他只创作了一尊雕像,就是图中未完成的《圣马太》。创作这尊雕像的同时,他在为维琪奥王宫设计壁画。1505年,他搬到罗马,这份委托合同被取消。

罗马,向教皇报销100吨大理石的购买及运费,但教皇整整一周都没有接见他。最后米开朗基罗被告知教皇不会见他。尤利乌斯开始担心工程的成本,担心给自己建造陵墓会带来厄运。此外,对于米开朗基罗,他还有别的计划。

在罗马的对手

尤利乌斯想让米开朗基罗从事的新项目是重绘西斯廷教堂天顶画。西斯廷教堂是教皇尤利乌斯二世进行正式礼拜的地方,由他的叔叔教皇西斯都四世(Pope Sixtus IV,1414—1484年)建造。人们普遍认为,负责重建圣彼得大教堂的建筑师布拉曼特非常嫉妒米开朗基罗,是他让尤利乌斯对修建陵墓产生了迷信想法,转而交给米开朗基罗一项几乎不可能完成的任务,那就是为西斯廷教堂的天顶作画。米开朗基罗对绘画的轻视(他认为绘画不如雕塑)以及他在壁画方面缺乏经验是众所周知的事实,因此很可能是布拉曼特说服了教皇,让米开朗基罗接手这项工作,因为他确信自己的竞争对手会失败。然而,教皇拒绝米开朗基罗的觐见后,后者愤怒地写道:“最值得称颂的神父,今天您下令将我赶出教廷。因此,我必须通知您,从现在起,如果您需要我为您效力,请到罗马之外的地方找我。”他似乎毫不考虑后果,从罗马的银行取了钱,回到佛罗伦萨。即使教皇派了五个人接他回去,他也一概拒绝。他的朋友和盟友恳求他不要激怒尤利乌斯,但他还是坚持己见。他写道:“如果我留在罗马,我的陵墓会比教皇的陵墓更早建好。这就是我匆忙离开的原因。”1506年5月,米开朗基罗的朋友、建筑师彼得罗·罗塞利(Pietro Rosselli,1474—1521年)从罗马写信给他,告诉他自己与教皇和布拉曼特会面,讨论过米开朗基罗。显然,布拉曼特说:“我和米开朗基罗关系匪浅,他一次次地告诉我他不希望参加这项工程……我觉得他没有加入我们的意愿,因为他没有太多人物绘画的经验,而且这次要绘制的人物在天顶上,还要按照透视法缩小,这和在地面上画画是两回事。”布拉曼特的话或许有些道理,毕竟历史上还没有哪位艺术家进行过如此大规模的艺术创作。

“给我一把剑”

尽管布拉曼特不看好米开朗基罗，尤利乌斯还是命令索德里尼把他带回罗马。米开朗基罗最终不堪压力，做出了回应。同年11月，在佛罗伦萨待了八个月后，米开朗基罗前往博洛尼亚，教皇刚刚在那里成功推翻了控制欲极强的统治者乔瓦尼·本蒂沃利奥二世（Giovanni II Bentivoglio，1443—1508年）。尤利乌斯和米开朗基罗这么长时间以来第一次见面，两人的关系还很紧张。米开朗基罗不得不跪在他面前请求原谅，但他们很快就达成和解，尤利乌斯立即委托米开朗基罗为自己制作一尊比真人还大的青铜雕像，陈列在博洛尼亚市中心。米开朗基罗建立了工作室，开始为雕塑制作黏土模型，雕塑中的教皇坐在椅子上，举起右手表示祝福。尤利乌斯定期查看作品进展。早些时候，米开朗基罗问他是否想要让雕塑左手握一本书，以表现他的学识和才智。尤利乌斯驳回了他的意见：“不！给我一把剑，我不是文学家。”完成这一巨作所用的时间远远超出了米开朗基罗的预期。然而，就在完工三年后，本蒂沃利奥家族打败了教皇军队，重新控制了博洛尼亚。市民们接到命令，把尤利乌斯二世的青铜像拉倒，当成废品卖掉。

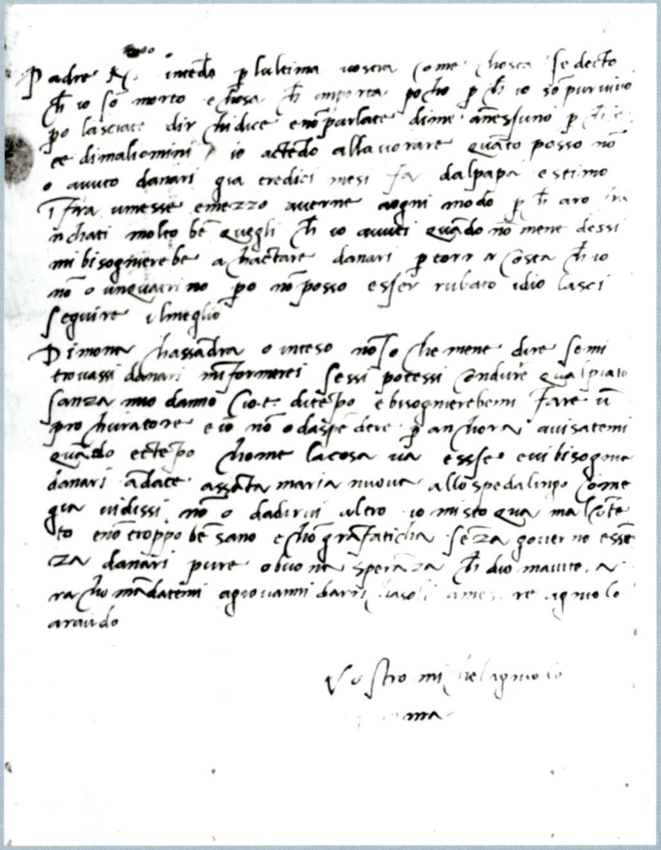

1509年，身处罗马的米开朗基罗给在佛罗伦萨的父亲写的一封信，澄清了他已经去世的谣言，并抱怨教皇已经十三个月没有给他支付报酬。米开朗基罗为尤利乌斯工作期间，钱的问题一直很紧张。他总是想要更多的经费，而教皇却不愿意给他。

米开朗基罗的信

人们对米开朗基罗颇为了解，主要是因为他还在世时，康迪维和瓦萨里就为他写了两本传记，另外他还留下了六十七年间的书信记录。目前已知的书信共有一千三百九十封，其中近五百封是米开朗基罗写的，其余都是收到的信。这些信让我们了解了很多关于他的事业、家庭、工作问题以及日常生活中的事件，也揭示了他的内心想法。很多是他写给父亲或兄弟的信，比如在1506年到1508年间，他在佛罗伦萨和罗马之间往返，同时也会在博洛尼亚生活。这是他一生中最沮丧、最悲惨的时期之一，他尽全力为教皇尤利乌斯二世工作，但后者是位不可预测、反复无常的独裁者。在此期间，他写信给教廷，要求获得更多报酬，并要求把陵墓建在佛罗伦萨：“现在，如果教皇陛下想继续聘用我，他应该把钱预付到佛罗伦萨，我会写信告诉他送到哪里。我在卡拉拉订购了许多大理石，我会把它们和留在罗马的大理石一起运来。尽管这样会造成严重损失，但只要我能在这里工作，也就不介意了。我会把完成的作品一件件寄给教皇陛下，这样他就能像我在罗马工作时一样享受每件作品。这种体验甚至可能比我在时更好，因为他只会看到完成的作品，而不会有任何其他困扰。”

西斯廷教堂

到1508年为止，已经有其他画家为西斯廷教堂创作了壁画，包括波提切利、基尔兰达约、佩鲁吉诺和卢卡·西格诺雷利（Luca Signorelli，1445/1450—1523年）。三层中的最底层已经绘制成垂悬的帷幕。中间一层的壁画描绘了耶稣和摩西的生平，而在墙壁上部的窗户之间是三十二位前任教皇的画像。米开朗基罗主要从事雕刻艺术，因此不愿意接受这项委托。但教皇已经下令，他最终在1508年5月10日签订了委托合同。米开朗基罗立即开始构思。最初商定的是，在穹隅展示十二门徒的肖像，也就是天顶和下方支撑拱构成的弯曲三角形交界处，其余部分则进行装饰。这份工作的酬劳是三千杜卡特金币。

西斯廷教堂天顶画方案，约1508年。米开朗基罗设计西斯廷教堂天顶画时绘制的草图有两份保留至今，这是其中之一。左侧示意图是他签订合同后不久画的，而右侧的手和胳膊是后来画的。

《利比亚女先知》（*Libyan Sibyl*）草图，1510—1511年。米开朗基罗先为利比亚女先知画了这些草图，然后才在天顶上绘制三倍真人大小的人像。虽然后来画的是一位女性，但这幅草图中是一名年轻的男性。作品中，身姿扭曲的人物捧着一本巨大的、打开的书。

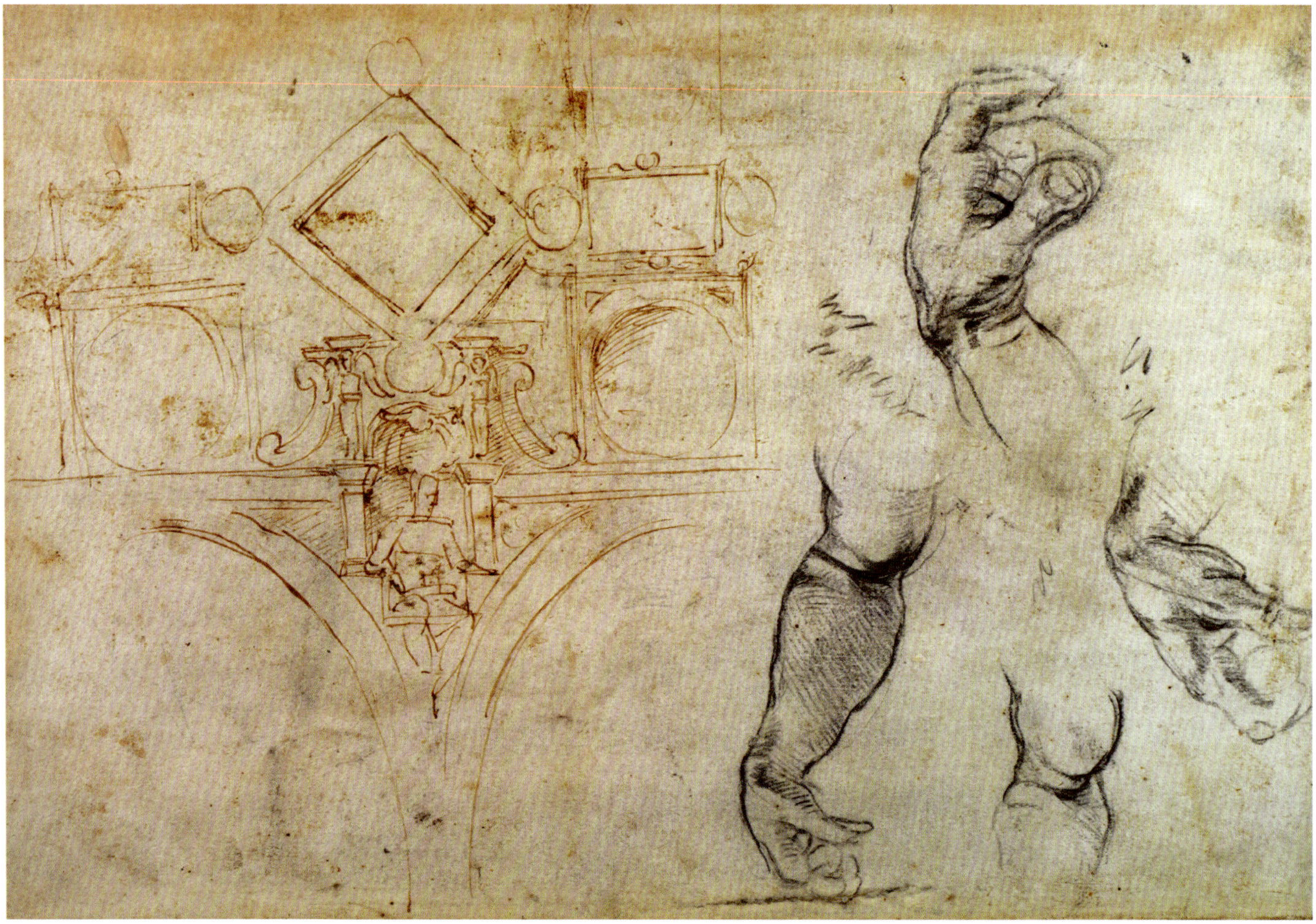

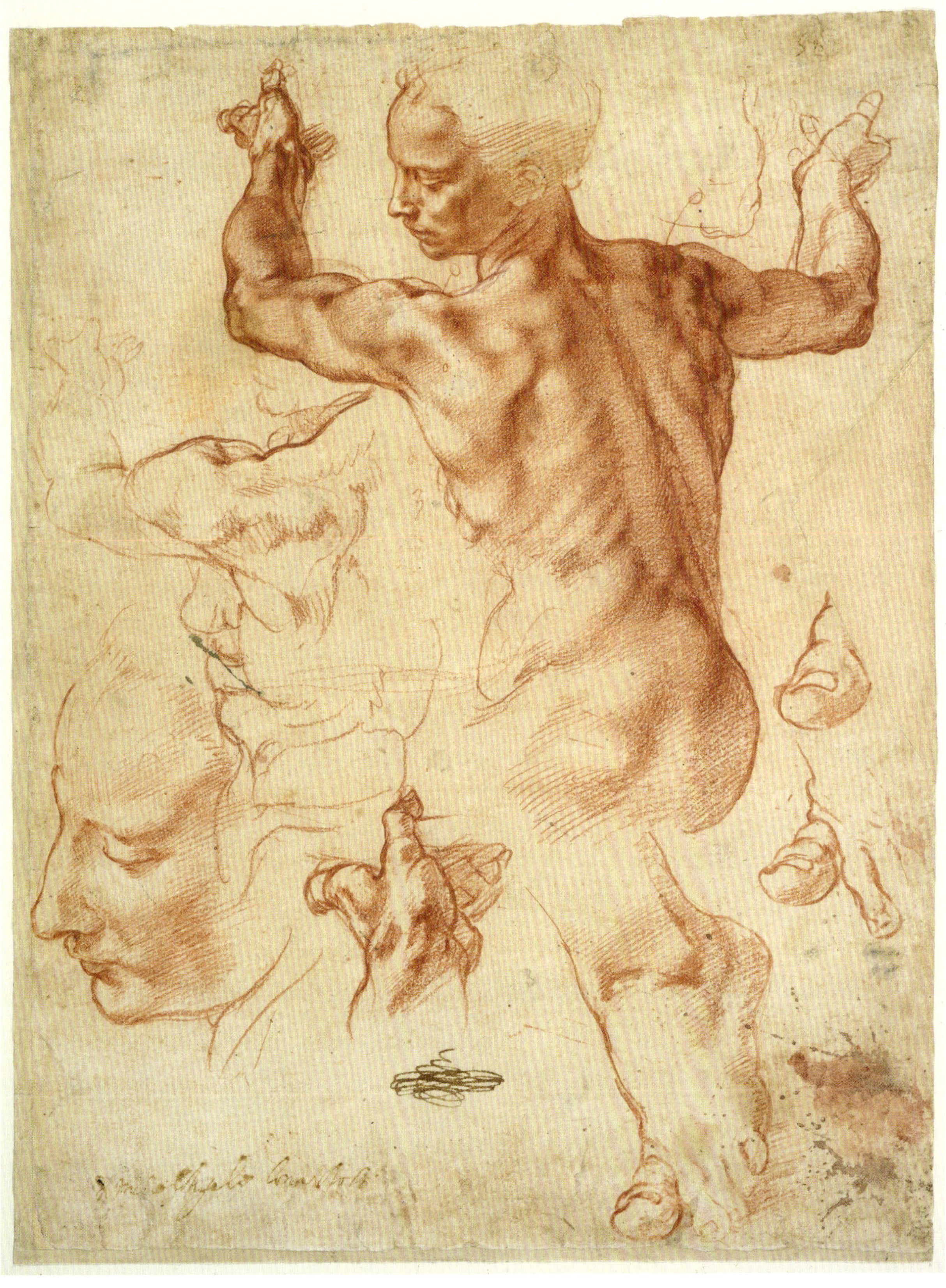

HIEREMIAS

第4章

神圣艺术家

西斯廷教堂的拱形天顶高20.7米，尺寸为40米 × 14米，面积巨大。米开朗基罗开始创作时，获得了竞争对手布拉曼特的帮助，后者当时正在修建圣彼得大教堂。布拉曼特为米开朗基罗搭起脚手架，让他能在天顶上作画，但脚手架对画面造成了破坏，于是米开朗基罗将其全部拆除，取而代之的是他极富创意的木制平台，由托架支撑，插在墙上的洞里。每完成一部分绘制，他就将平台移动到接下来的位置。然而，他还面临着一个问题：虽然他接受过基尔兰达约的指导，但他对自己的壁画技巧并没有信心。因此，创作伊始，他便向包括基尔兰达约在内的其他画家寻求建议。尽管如此，开始工作后还是遇到了问题，天顶石膏板出现了霉菌，他只能把画刮掉，重新绘制。最大的问题或许在于难以忍受的身体疼痛，因为他要长时间地仰头看着天顶，抬起手臂作画。

西斯廷教堂天顶画，1508—1512年。米开朗基罗将西斯廷教堂天顶画的故事和人物用建筑元素进行分割，以错视画的形式绘制。从下面看，好像画面真的被人造的月形石、拱墩石和壁柱石等结构分隔开。

裸体男像细节，1509年。天花板的飞檐交汇处有二十四个裸体男像，仿照真实雕像绘制。裸体男像（ignudi）源于意大利形容词“nudo”，意为“裸体的”，指的是兼具男性和女性特征的年轻男子。他们与周围的《圣经》中的场景没有关联，会出现在天顶画中似乎只是因为蕴含美感。

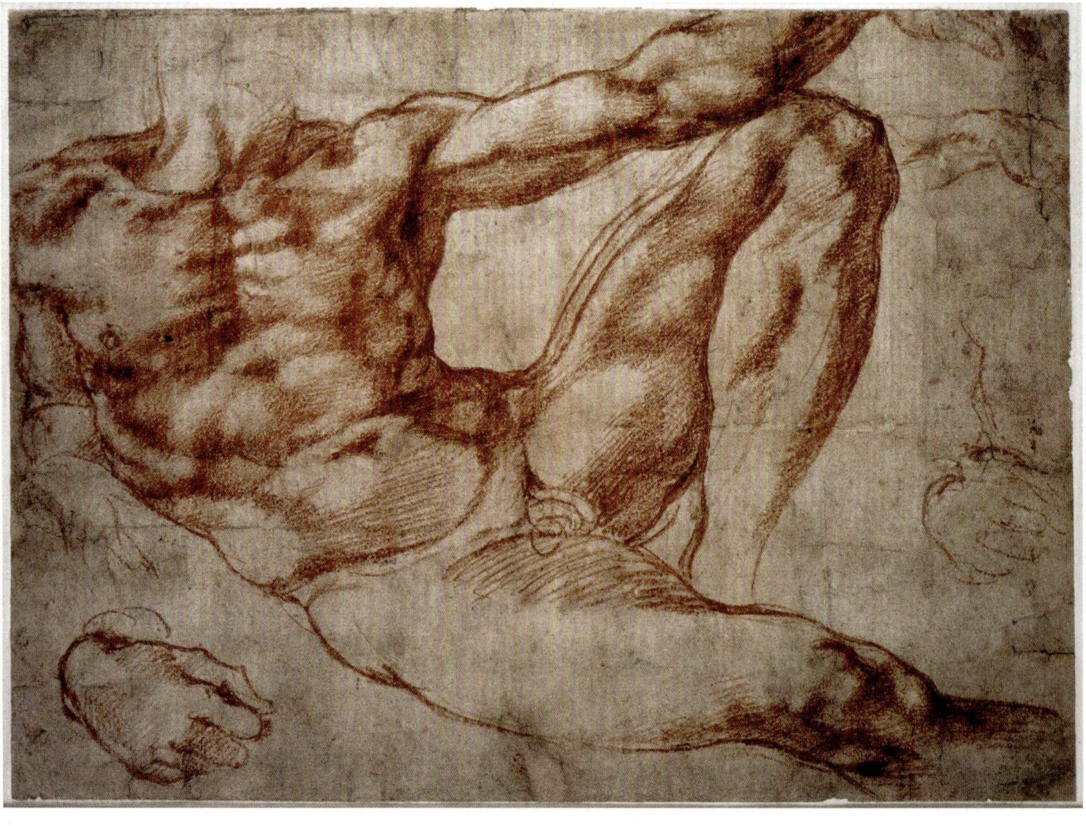

《创造亚当》草图，1511年。这幅躺着的男性裸体画是米开朗基罗为西斯廷教堂天顶画中的亚当所画的草图，也是那个时期留存下来的少数几幅画作之一。壁画中的亚当向赐予他生命的上帝伸出手去。以动态和力量而闻名的《创造亚当》（见第6—7页）已成为天顶画中最著名的部分。

湿壁画

湿壁画（fresco）是一种在墙壁和天花板上作画的古老方法，通过熟石灰和水性颜料之间的化学反应将颜色永久融合在墙壁表面。具体有两种不同手法：干壁画和湿壁画。两种画法米开朗基罗均有采用。无论使用哪种方法，艺术家都必须快速作画。湿壁画也被称为“真”壁画，将灰泥、沙子和大理石粉末的混合物分三层涂刷在湿的熟石灰上。前两层涂层变干后，艺术家将他设计的画面轮廓，也就是底画绘制上去。最后，根据一天的工作量尽可能多地在墙壁和天花板上涂上光滑的灰泥，在第三层灰泥仍然潮湿的时候进行绘制。随着灰泥逐渐干燥，颜料成为建筑表面不可分割的一部分。干壁画则用石灰水浸泡墙壁或天顶表面，在表面干燥前进行作画。与湿壁画不同，这种画法的颜料不会永久地渗透到灰泥中。进行湿壁画创作时，每天都要在新的位置涂抹灰泥，此举被称为“一日量”（giornata）。通常而言，湿壁画画家会制作一比一大小的细节底画，转绘到石灰表面，但米开朗基罗打破惯例，直接在天顶作画。20世纪80年代，梵蒂冈开始对西斯廷教堂的天顶画进行大规模修复，意大利专家和国际专家仔细清理了几个世纪以来的污垢和尘垢，画面显露出超越想象的鲜艳色彩。

《朱迪斯与赫罗弗尼斯》（*Judith and Holofernes*），（修复后）1509年。米开朗基罗为壁画上完灰泥后不久，壁画表面太过潮湿，出现了霉菌。他不得不把涂层全部铲除，重新来过。随后他尝试了助手雅格布·托尔尼［Jacopo Torni，1476—1526年，又名英迪格（Indaco）］发明的防霉涂层新配方。

天顶

虽然教皇对天顶画的设想是在三角形穹隅中绘制十二位门徒，但米开朗基罗有不同想法。他说服尤利乌斯给他更多的创作自由，并提出了相当复杂的内容设计，计划通过先知和耶稣祖先家谱呈现《圣经》故事中的创世纪、人类的堕落、救赎的承诺。教皇同意了他的提议，于是他在整个天顶上绘制了三百多个人物。天顶中央是《创世纪》中的九个场景，分为“上帝创造世界”“人间的堕落”“不应有的牺牲”三部分。穹隅中绘制的是预言耶稣降临的男女、以色列先知、女先知（从众神处得到神圣启示的古希腊先知）

和裸体男像。在湿壁画创作过程中，米开朗基罗的身体严重不适，瓦萨里解释说："工作条件极其艰苦，主要是他必须仰着头绘画。"米开朗基罗还用诙谐的十四行诗和素描描述了他的痛苦，包括以下几句：

> ……我的肚子被下巴压得粉碎，我的胡子朝上直指着天，我的脑袋被压在棺材里，我的胸膛像鹰身女妖哈耳庇厄（Harpy）般扭曲。我的刷子，一直悬在头上，滴着颜料，我的脸成了最好的着陆点！我的腰几乎要磨进内脏，我用绷紧、可怜的屁股来平衡身体的力量……

米开朗基罗从离圣坛最远的那端天顶开始，描绘最新的《圣经》故事，在不断靠近圣坛的过程中逐渐接近《创世纪》的场景。然而，他低估了天顶的大小。他的创作在天顶上推进，笔下的人物越画越大，笔触也越发松弛。他在一天内完成了《创造亚当》这个最终场景。

《创造众星》（*The Creation of the Sun, Moon and Plants*），1511年。这是《创世纪》九个场景中排序第二的场景。画面描绘了上帝创造万物的第三天和第四天。画面左侧是上帝的背影，他朝一棵植物伸出手臂；画面右边，他指向太阳和月亮。画面中的透视效果和人物位置创造出了强烈的动感。

《创造夏娃》(*The Creation of Eve*)，1508—1510年。《创世纪》中的这幅图像展现了《圣经》中描绘的第一个女人的诞生。它可能是基于雅科波·德拉·奎尔奇亚(Jacopo della Quercia，1374—1438年)的一幅浮雕而作，这幅浮雕位于博洛尼亚圣佩特罗尼奥大教堂(Basilica of San Petronio)的门上。

《原罪和逐出伊甸园》(*The Fall of Man and The Expulsion from Paradise*)，1508—1512年。画面左侧，亚当抓住了一棵树的树干，夏娃坐在树下，伸手从蛇手里接过苹果。大蛇后面的天空中，一位天使把亚当和夏娃逐出天堂。这片区域的天顶画描绘了两个故事，又或者说是一个故事及其后续。

HIEREMIAS

《库迈女先知》(*The Cumaean Sibyl*)，1510年。女先知是古代的女性预言家或先知者，人们认为她们预言了耶稣的降临。图中的库迈女先知是掌管阿波罗神谕的女祭司。米开朗基罗将她描绘得强大且具有威严。

左页图：《耶利米先知》(*The Prophet Jeremiah*)，1508—1512年。耶利米是旧约中七位先知之一，在《耶利米书》(*The Book of Jeremiah*)和《耶利米哀歌》(*The Lamentations*)中均有记载。画面中，米开朗基罗笔下的耶利米为耶路撒冷的毁灭而悲叹。作品在解剖学意义上的准确性、强烈的色调对比和对透视技术的运用可谓前所未有。

胜利

在米开朗基罗创作天顶画的四年里，他与教皇的关系时好时坏。他几次想要放弃创作，却遭到教皇禁止。因为有几次米开朗基罗的创作耗时太长，而且是关着门偷偷进行，尤利乌斯曾威胁说，如果他不抓紧时间，就要把他从脚手架上赶下去。于是，天顶画创作开始四年后的1512年10月31日，米开朗基罗完成了这项工程。1512年11月1日诸圣节当天，教皇为教堂举行了落成典礼。所有看到天顶画的人都惊叹于其表达范围之广、人物力量之强以及故事清晰之甚。在此之前，还没有任何一幅画作能达到如此大的规模、如此自然、如此富有表现力且充满活力。尤利乌斯确实问过米开朗基罗为何人像没有镀金，他解释说，圣人轻视钱财，教皇听了很高兴。布拉曼特本想目睹米开朗基罗的失败，但他的希望落了空。这位艺术家非但没有给自己丢脸，反而取得了胜利。巨大的天顶上，三百四十三个人物似乎在转身腾挪、扭曲交错，画面叙事清晰，装饰部分采用了教皇德拉·罗韦雷家族（Pope's della Rovere）的橡

《德尔菲女先知》(*The Delphic Sibyl*)，1509年。根据希腊和罗马传说，古代世界有许多女先知。美丽的德尔菲女先知将希腊音乐、诗歌、预言和医药之神阿波罗的神谕昭示给世人。画面中，她头朝卷轴的相反方向，凝视着未来。

《大洪水》(*The Flood*),1508—1512年。作为《创世纪》九个场景中最小的一个,《大洪水》是一幅群像,包括一长排人物挣扎着爬到山上,试图逃离不断上涨的洪水。有人紧紧抓牢大树,还有人从水里抱起一具了无生气的尸体。

子图案。画面的色彩和现实主义表现令人惊艳。最终，米开朗基罗相信，尤利乌斯不会对陵墓工程施加任何阻碍，而他终于能将七年前的计划付诸现实。然而，仅仅两个月后，也就是1513年1月，教皇卧床不起，在2月底前与世长辞。

陵墓的悲剧

米开朗基罗渴望重回雕塑领域。尤利乌斯去世之前已经下令让他重新开始修建陵墓，并明确要求控制建造规模，而且留下大约一万杜卡特金币作为项目经费。教皇的银行家们向米开朗基罗的银行账户存入了两千杜卡特金币的巨额存款。在米开朗基罗的传记中，阿斯卡尼奥·康迪维将整个工程称为“陵墓的悲剧”。由于问题众多，这场悲剧持续了四十年。尤

左图：《摩西像》(*Moses*)，1513—1515年。本该放在陵墓上部的摩西被安置在两根装饰柱之间的椅子上。考虑到原先仰视的观赏角度，人像的比例有一定扭曲。米开朗基罗在他头上安上了角，这是早期的《圣经》翻译错误造成的。

右页图：《教皇尤利乌斯二世的陵墓》(*Tomb of Pope Julius*)，1505—1545年。1513年，教皇尤利乌斯二世去世后，原有计划又经历了许多其他挫折，被延期和改变。终于，1545年，米开朗基罗在罗马圣伯多禄锁链堂（San Pietro in Vincoli）建起了前教皇的陵墓。它的规模比原先计划的小得多，且遵循了古典和谐的比例。

利乌斯死后，米开朗基罗回到佛罗伦萨和父亲短暂生活了一段时间，然后回到罗马，与已故教皇的侄子乌尔比诺公爵（Duke of Urbino）弗朗切斯科·德拉·罗韦雷（Duke of Urbino，1490—1538年）达成协议建造一座陵墓。他们协定，陵墓要比最初设计的拥有更多基督教元素。届时，陵墓将包含约四十尊雕像，从而显得宏伟壮观。米开朗基罗需要在七年内完工，并将获得一万六千五百杜卡特金币作为报酬。德拉·罗韦雷要求米开朗基罗在创作期间不得进行任何其他项目。于是米开朗基罗立即开始创作，他很快做好了《被缚的（叛逆的奴隶）》[*Captive (The Rebellious Slave)*]和《垂死的奴隶》(*Dying Slave*)。德拉·罗韦雷家族为他在罗马配备了一所房子，让他工作期间在那里居住。大约在1513年，他开始创作巨大的摩西雕像。然而，德拉·罗韦雷家族与新教皇利奥十世（Leo X，1475—1521年）关系恶化，工程出现了问题。利奥十世原名乔凡尼·迪·洛伦佐·德·美第奇（Giovanni di Lorenzo de'Medici），是洛伦佐·德·美第奇的儿子。工程中止，合同变更，完工日期延后。在接下来的三十年里，米开朗基罗发现自己夹在几任教皇和德拉·罗韦雷家族之间，项目不断遭到中断和修改。1521年，利奥十世去世后，阿德里安六世（Adrian VI，1459—1523年）继任，原名阿德里安·佛罗伦斯·博延斯（Adriaan Florensz Boeyens），他对艺术毫无兴趣。阿德里安之后，1523年克莱门特七世（Clement VII）继任，原名朱利奥·迪·朱利亚诺·德·美第奇（Giulio di Giuliano de'Medici，1478—1534年），他也让工程停摆又重启。米开朗基罗最终在1545年完成了陵墓，安放在圣伯多禄锁链堂，其规模比原计划小得多。

奴隶们

作为希腊艺术的象征，希腊群雕《拉奥孔》(*Laocoön Group*)

左页图：《拉奥孔和他的儿子们》，希腊原作，1世纪。这是希腊罗马非常著名的雕塑作品之一。接近真人大小的人像是特洛伊祭司拉奥孔和他的两个儿子。波塞冬的祭司拉奥孔和他的儿子们试图揭露特洛伊木马的秘密，因此被杀。

《被缚的（叛逆的奴隶）》，1513年。米开朗基罗在1513年为教皇尤利乌斯的陵墓创作了两尊被束缚住的奴隶，图中雕塑为其中之一。该人物似乎卷入了一场激烈的斗争，与《垂死的奴隶》形成了鲜明对比（见右图）。目前还不清楚将这两座雕像放在陵墓中的理由，不过早在1505年设计陵墓时，这两尊雕像就已经存在于设想中。看起来，米开朗基罗并没有完成这两尊雕塑，只要他觉得自己的作品没有达到完美，就经常会选择放弃。

《垂死的奴隶》，1513年。大约在1520到1534年间，米开朗基罗又创作了四个“奴隶”，但都没有完成。这些不完整的人像被命名为《觉醒的奴隶》（*The Awakening Slave*）、《年轻的奴隶》（*The Young Slave*）、《大胡子奴隶》（*The Bearded Slave*）和《奴隶（阿特拉斯）》（*The Atlas*），人们对它们进行了多种解读。通常，包括上图《垂死的奴隶》在内的这几尊雕像都被解读为奴隶试图将自己从大理石中解放出来。

或《拉奥孔和他的儿子们》(*Laocoön and His Sons*)，是大理石复制青铜雕塑的不朽名作，这是罗马作家老普林尼（Pliny the Elder，23—79年）给出的描述。它描绘了罗马诗人维吉尔（Virgil，公元前70—前19年）所写的史诗《埃涅阿斯纪》(*Aeneid*) 中的人物——特洛伊祭司拉奥孔和他的两个儿子安提法斯（Antiphas）和提姆布雷厄斯（Thymbraeus）遭到海蛇的袭击。1506年1月，这尊群雕作品出土于罗马一个葡萄园，米开朗基罗作为首批专家之一前往现场。同时出土的还有一些保存得不那么完好的雕像。人们多次尝试修复它们，但由于效果太差，米开朗基罗坚持认为应该停止修复。教皇尤利乌斯二世下令将这尊雕塑运往梵蒂冈，安放在观景楼庭院花园。米开朗基罗花了大量时间研究这些古代雕塑，并深受其影响。他未完成的雕像，如《被缚的（叛逆的奴隶）》和《垂死的奴隶》，人物朝两个方向扭曲，很像拉奥孔的儿子们。米开朗基罗是虔诚的天主教徒，他认为这些扭动的雕像看起来像是被困在石头中，隐喻了灵魂想要从物质世界中解放出来，而为此进行的斗争。

圣·洛伦佐教堂

乌尔比诺公爵明确规定，米开朗基罗在建造尤利乌斯陵墓期间，不得接受其他工作邀约。然而，1516年，教皇利奥十世要求他装饰圣·洛伦佐教堂的外立面，即美第奇家族在佛罗伦萨的教区教堂。教皇是米开朗基罗儿时的朋友，他们曾同住在美第奇家。米开朗基罗并不想接受这项工作，尽管教皇保证他将能继续修建尤利乌斯二世的陵墓，然而最终，他无法拒绝自己的密友，于是去卡拉拉为圣·洛伦佐教堂挑选大理石，停止了陵墓的修建工作。接下来，利奥十世坚持要从彼得拉桑塔而非卡拉拉购买大理石，因为彼得拉桑塔由佛罗伦萨管辖，因此大理石的价格更便宜。这让米开朗基罗非常沮丧，他已经和卡拉拉签订了合同，也不想重新开始寻找大理石。而且要从彼得拉桑塔的山区开辟新的道路将大理石运往佛罗伦萨会造成项目进展严重滞后。米开朗基罗为圣·洛伦佐教堂外立面所做的建筑设计相当独特，采用了原始的古典正面比例，符合人体的理想比例。对他来说，每座建筑物的骨架都是它的结构要素。例如，建筑的某些部分可以将其他部分连接在一起或起到承重功能，这些部分相当于肌肉，人体的理想比例可以在建筑的不同方面得到体现，比如建筑的窗户和门、建筑的高度和宽度。就这样，米开朗基罗将人体形象与他的建筑设计紧密结合起来。

美第奇家族礼拜堂

1520年，教皇克莱门特七世还是枢机主教朱利奥·德·美第奇时，就要求米开朗基罗为圣·洛伦佐教堂建造一个新的圣器室，作为教堂的一部分。这将是专门为“伟大的洛伦佐”（正是他在多年前将米开朗基罗领进美第奇家族）和他的兄弟朱利安诺·德·美第奇（Giovanni de’Medici）而建的陵墓。朱利安诺于1478年复活节当天，在佛罗伦萨大教堂做弥撒时遭到谋杀。那时，艺术家也会受雇担任建筑师。因此，尽管米开朗基罗在建筑方面经验有限，他还是在1524年设计并完成了新美第奇家族礼拜堂的结构搭建，然后开始室内雕塑和石棺的创作。然而，由于一些意想不到的情况，他最终只完成了洛伦佐、乌尔比诺公爵（1492—1519年）、朱利亚诺·迪·洛伦佐、内穆尔公爵（Duke of Nemours，1479—1516年）四尊雕像，代表着《日》(*Day*)、《夜》(*Night*)、《晨》(*Dawn*)、《暮》(*Dusk*)，此外还有一尊《圣母与圣子》(*Madonna and Child*)的雕像。《日》《夜》《晨》《暮》四尊雕塑都是时间的象征。然而，由于罗马发生的一些事件，米开朗基罗没有为更年长的美第奇家族成员建造陵墓，礼拜堂也没有完工，等到他离开后，礼拜堂才建设完成。在修建美第奇礼拜堂的同时，米开朗基罗还设计了毗邻的劳伦齐阿纳图书馆（Laurentian Library，见第86页），收藏教皇利奥十世遗留下的书籍。在此之前，大多数图书馆都位于修道院。米开朗基罗的设计风格独特，经常被形容为建筑风格的首例，因为它特意强调风格化，而放弃了和谐和古典主义。

左页图：米开朗基罗设计的圣·洛伦佐教堂外立面木制模型，根据米开朗基罗设计图制作，约1518年。与几位建筑师竞争过后，教皇利奥十世将圣·洛伦佐教堂立面的设计交给了米开朗基罗。他设计了一种巧妙的方法，将古典规律应用在不规则的教堂立面上。尽管项目未完成，但这个巨大的木制模型展示了立面完工后应有的样子。

《晨》《暮》，1524—1531年。细长的、优雅的人物曲线引发了推崇风格主义的新艺术运动。米开朗基罗的所有作品人像精确符合男性解剖学结构。甚至，他所做的女性人像也遵循了肌肉发达的男性形象特征。《夜》和《晨》是他所做的两具仅有的女性裸体雕塑。

《日》《夜》，1526—1531年。躺在朱利安诺·迪·洛伦佐·德·美第奇石棺上的是这两位象征白天和黑夜的寓言人物。左手边的《夜》正在睡觉，而未完成的《日》则扭曲着身体，向外凝视。我们又一次看到了基于男性体格特征的女性形体表现。

罗马之劫和围困佛罗伦萨

罗马之劫始于1527年5月6日，以神圣罗马帝国皇帝和西班牙国王查理五世（Charles V，1500—1558年）召集的意大利、德国和西班牙雇佣兵为首，对罗马进行的掠夺，一直持续到1529年底，并导致佛罗伦萨陷入围困。教皇克莱门特七世认为神圣罗马帝国不断增长的权力是对天主教会的威胁。他与查理五世的敌人法国国王弗朗索瓦一世（François I，1494—1547年）结盟，两人建立了科涅克同盟，签订了对抗查理五世的条约。受此影响，查理五世向在意大利的法国人发起进攻并取得了胜利。然而，他连续几周没有给士兵发放工资，士兵们洗劫了罗马，抢劫了居民住宅、教堂和梵蒂冈，还袭击、屠杀市民。教皇克莱门特七世逃到附近相对安全的圣天使堡（Sant'Angelo）。与此同时，皇帝的军队屠杀了瑞士卫队，并在罗马停留了几个月，对人们进行恐吓、折磨和杀戮。直到1529年6月克莱门特七世投降，双方才达成休战协议。克莱门特七世与查理五世签订了《巴塞罗那条约》（*Treaty of Barcelona*），还向他支付了一大笔赎金，并割让了大量领土。罗马遭受洗劫时，佛罗伦萨市民驱逐了美第奇家

族，恢复了共和国。尽管米开朗基罗的事业成就归功于美第奇家族，但在1529年，其他佛罗伦萨市民对美第奇家族的统治感到厌倦，希望建立更加民主的政府，米开朗基罗选择加入他们。佛罗伦萨共和国在罗马之劫期间支持法国，但后来查理五世打败法国军队，佛罗伦萨便只能依靠自己。教皇克莱门特七世来自美第奇家族，他决心恢复家族的权位。因此在《巴塞罗那条约》签订后，他不得不与查理五世合作，查理五世派遣军队占领佛罗伦萨，让美第奇重新掌权。在十个月的时间里，查理五世的军队包围了这座城市，到1530年8月，美第奇家族再次控制了佛罗伦萨。

《围困佛罗伦萨》(*The Siege of Florence*)，乔尔乔·瓦萨里，1558—1560年。这幅画绘制于事件发生后三十年，展现了乔尔乔·瓦萨里对佛罗伦萨遭受围困的印象，画面中神圣罗马帝国皇帝的帝国军队包围着这座城市，迫使人民接受美第奇家族复位。

左页图：《罗马之劫》(*The Sack of Rome*)，1527年5月6日，某意大利大师，16或17世纪。这幅画的画家是一位不知名的意大利艺术家，画作描绘了查理五世率领的西班牙和德国军队对罗马的暴力掠夺。罗马之劫持续了好几个月，无辜的罗马人遭到袭击和屠杀。

死刑执行令

美第奇家族被逐出佛罗伦萨后，米开朗基罗停止了美第奇家族礼拜堂的修建工作。五十四岁的他被誉为当代重量级艺术家，人们尊称他为“神圣艺术家”，他极大地改变了人们对艺术家的看法。在此之前，艺术家一直被视为工人。人们赞赏他惊世骇俗的表现力，那是一种通过艺术让人感到敬畏的能力。他的地位与日俱增，1529年1月，他被选为九人委员会的一员，这是佛罗伦萨政府的重要职位。同年四月，他被任命为总检察长和城市防御工事总督，每天有一枚杜卡特金币作为报酬。然而，受到任命的同时，他又被调离佛罗伦萨，前往比萨和利沃诺巩固堡垒，然后前往威尼斯和费拉拉，而当时佛罗伦萨正处于围困之中。十个月后，1530年7月，佛罗伦萨沦陷，亚历山德罗·德·美第奇（Alessandro de' Medici，1510—1537年）获得佛罗伦萨的统治权，罗马教皇专员巴乔·里瓦尔（Baccio Rival，1477—1537年）发布了针对米开朗基罗的死刑执行令，因为他选择支持共和国而非美第奇家族，教皇称米开朗基罗选择效忠法国国王。为了活命，米开朗基罗逃到了美第奇教堂的地下密室，一直躲到死刑判决解除为止。人们认为，米开朗基罗就是在此期间完成了《丽达与天鹅》（*Leda and the Swan*）蛋彩画，这是他几年前承诺费拉拉公爵（Duke of Ferrara）阿方索一世·德斯特（Alfonso d'Este，1476—1534年）要完成的，现在只留下复制品。

几个月后，克莱门特教皇认为自己需要借米开朗基罗的艺术创作提升美第奇家族的威望，于是赦免了他。1531年11月21日，教皇发布诏书，禁止米开朗基罗为其他任何人工作。三年后，克莱门特将米开朗基罗召至罗马。

裸体人物壁画，约1530年。米开朗基罗在圣·洛伦佐修道院院长的保护下，躲藏在美第奇家族礼拜堂的地下室好几个月。他当时必定十分无聊，为了找点事做，他用木炭在墙上画了许多大型人像，这些人像至今还留在那里。

米开朗基罗的诗作

米开朗基罗是一名受人尊敬的艺术家、建筑师和工程师，同时他还热衷写诗。受柏拉图、彼特拉克和但丁启发，他在1503年到1560年间创作了三百多首诗歌，包括十四行诗和情诗，且经常反复修改其中段落。他的不少作品探讨了爱情、死亡、美感、灵性和新柏拉图主义。1530年，他在父亲去世后不久写了一首诗，探讨了失去所爱之人的悲痛之情：“父子间最深的爱在天堂里升华，那里是所有美德诞生的地方。”尽管米开朗基罗对自己的绘画和雕塑格外骄傲，近乎傲慢，但他对自己的诗作却很谦虚，称其为“幼稚的东西”。1534年，他遇到了寡居的佩斯卡拉侯爵夫人（Marchioness of Pescara）兼诗人维多利亚·科隆纳（Vittoria Colonna，1492—1547年），并在后来为她写了很多诗。这是其中一首诗的节选：“没有世俗的东西能迷住这双充满渴望的眼睛，我在你美丽的脸上找到完美的宁静；但在那深处，到处是净土，我的灵魂感受到爱，那是天空的伙伴，因为她和上帝同在。”

诗歌手稿，1539—1547年。和米开朗基罗其他所有诗歌一样，这首十四行诗受到柏拉图、彼特拉克和但丁的影响，也受到他与密友诗人维多利亚·科隆纳深入谈话的影响。

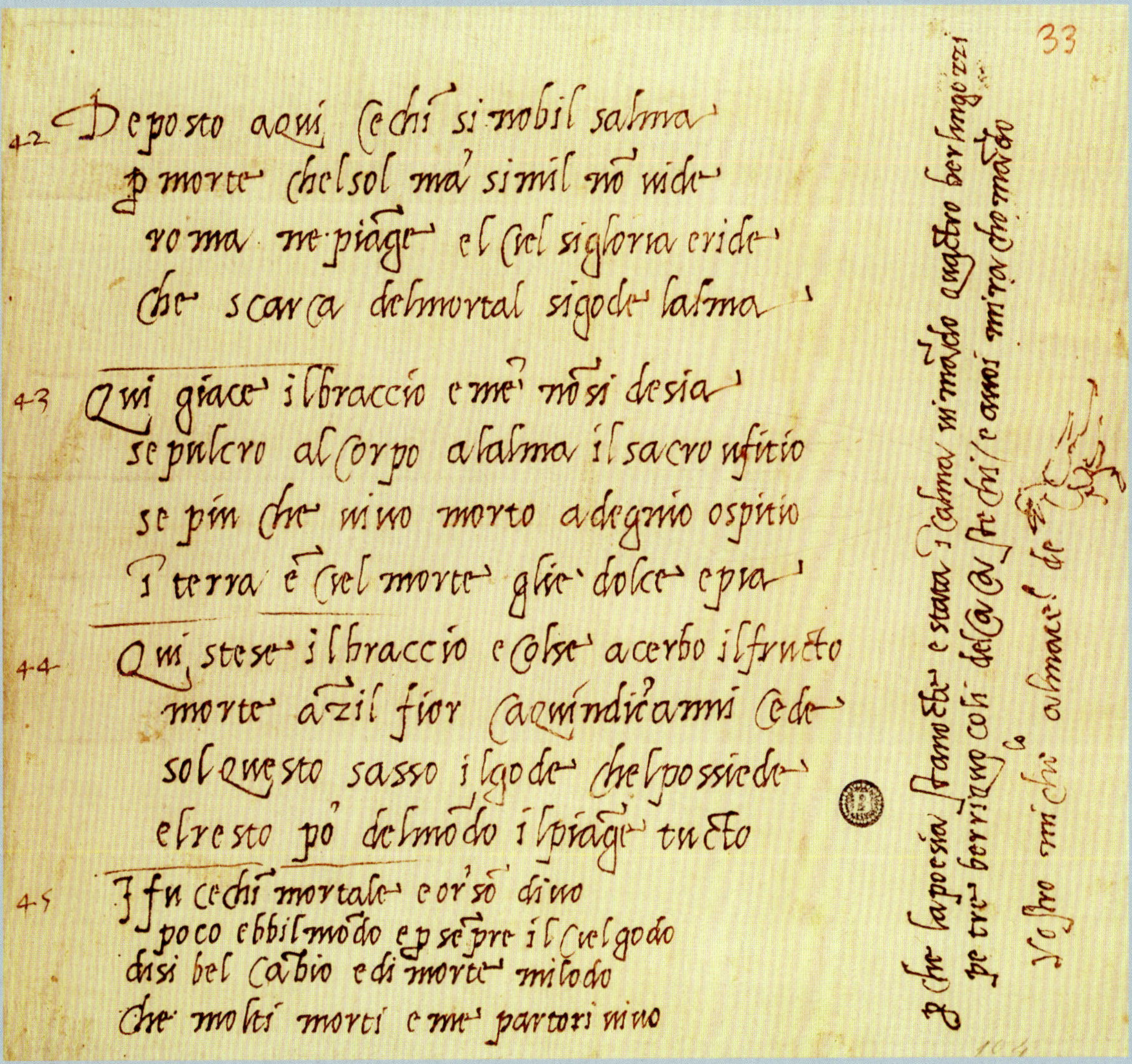
33

42 Deposto a qui cechi si nobil salma
p morte chel sol ma' simil no' vide
roma ne piage el ciel si gloria e ride
che scarca del mortal si gode lalma

43 Qui giace il braccio e me' no' si desia
sepulcro al corpo a lalma il sacro ufitio
se piu che vivo morto a degnio ospitio
i terra e ciel morte gli e' dolce e pia

44 Qui stese il braccio e colse acerbo il fructo
morte a zil fior c'aquindici anni cede
sol questo sasso il gode che lpossiede
el resto po' del modo il piage tucto

45 I fu cechi mortale e or so' divo
poco ebbi il modo e p sepre il ciel godo
di si bel cabio e di morte mi lodo
che molti morti e me' partori vivo

IONAS

第5章
天才

克莱门特七世想让米开朗基罗为西斯廷教堂再创作一幅大型壁画，这让米开朗基罗情绪复杂。他应教皇的要求返回罗马，本想进行更多雕塑创作，结果却要为西斯廷教堂再次绘制壁画，这让他灰心丧气。他当时已经六十岁，自二十多年前创作天顶画之后，再也没有从事如此重要的巨型壁画绘制。他试图拒绝这项工作，但教皇已经下定决心。

《最后的审判》

克莱门特七世授权米开朗基罗自由发挥，描绘《圣经》最后一卷《启示录》中的《最后的审判》（*The Last Judgement*）。米开朗基罗刚刚重获教皇信任，因此无法拒绝。然而，1534年9月，也就是米开朗基罗重返罗马一年后，克莱门特七世去世了，亚历山德罗·法尔内塞（Alessandro Farnese，1468—1549年）接替他成为教皇保罗三世。米开朗基罗借此机会暂停了西斯廷教堂项目，继续为尤利乌斯陵墓制作雕像。但新教皇考虑到前任已经委托米开朗基罗进行创作，派了几位枢机主教查看壁画底画的进展。他们汇报说米开朗基罗在忙着完成尤利乌斯的陵墓，于是教皇与乌尔比诺公爵通过一番安排，让米开朗基罗摆脱了合同义务，要求他专注于壁画。从1534年底到1541年10月，米开朗基罗在西斯廷教堂的祭坛墙上绘制了壁画《最后的审判》，描绘了耶稣的第二次降临和他对灵魂的审判。他抛弃了古典传统，把耶稣描绘得魁梧壮硕，肌肉发达，年轻力壮，没有胡须，赤身裸体。他周围都是圣人，其中圣巴塞洛缪（St Bartholomew）拎着一张剥落松弛的人皮，上面有米开朗基罗的自画像；死者从坟墓中坐起，等待被送往天堂或地狱。按照但丁的想法，米开朗基罗对《最后的审判》的诠释扭曲、程式化且充满戏剧性。作品揭晓时，一些观众吓坏了，他们认为耶稣和圣母玛利亚的裸体呈现亵渎了神圣。有人甚至发起运动，要求毁掉壁画，或对其进行处理，但教皇对此不予理睬。1564年，米开朗基罗去世前不久，在特伦特会议（Council of Trent）上，人们决定掩盖画面中的敏感部位，他们委托米开朗基罗的学徒达尼埃莱·里恰莱利（Daniele da Volterra，1559—1566年）在相应位置画上帘布覆盖。

《最后的审判》，1534—1541年。这幅画覆盖了西斯廷教堂的整个祭坛墙壁，描绘了耶稣的第二次降临和他对全体人类的最后审判。可以看到人们的灵魂升上天堂或落入地狱。米开朗基罗又一次画了三百多个人像，大多为裸体。

《最后的审判》细节，1534—1541年。在这部分壁画中，被拯救的灵魂和被诅咒的灵魂是分开的。前者被圣人拉上天堂，后者被恶魔拉下地狱。米开朗基罗花了六年多的时间才完成这项创作，完成时已年近六十七岁。

成功与悲哀

米开朗基罗刚完成《最后的审判》，教皇保罗又委托他，为其梵蒂冈的私人礼拜堂保禄小堂（Cappella Paolina）再创作两幅大型壁画。米开朗基罗不愿再从事壁画创作，但他不得不服从教皇的命令，在1542年开始工作。一幅壁画描绘了圣保罗在前往大马士革的路上皈依基督教，另一幅描绘了第一位天主教教皇圣彼得被钉上十字架。与此同时，米开朗基罗也在为尤利乌斯二世的陵墓组织建筑框架。1544年1月，他的一位助手，十六岁的切奇诺·德·布拉奇（Cecchino dei Bracci，1528—1544年）突然去世。布拉奇的叔叔是银行家路易吉·德尔里奇奥（Luigi del Rillio，1546年逝世），也是米开朗基罗的朋友。他悲痛欲绝，恳求米开朗基罗为男孩设计坟墓，并赋诗作为墓志铭。米开朗基罗似乎和这个男孩特别亲近，他这样描述他：“他失去了英俊的眼睛和活泼的神态……而我已把灵魂寄托在他身上。”《圣保罗》和《圣彼得》的壁画位于保禄小堂祭坛两侧的墙上，米开朗基罗的风格主义显而易见。画面不再呈现古典主义，没有了西斯廷教堂天顶画的理想比例。相反，人物被拉长，轻微扭曲，相当风格化。

《最后的审判》细节，1534—1541年。图像中央的基督正在宣布最后的审判。在他右侧，他的母亲圣母玛利亚正在为受苦的人们说情，他们周围都是肌肉发达的圣徒和天使，肉色的身体呈粉红色调，周围是明亮的蓝色。这幅壁画极具表现力的风格激发了风格主义艺术运动。

《圣保罗的皈依》(*The Conversion of St Paul*), 1542—1545年。壁画左上角的耶稣俯身进入画面，周身沐浴的光线照射着地面上的一群人，其中包括了罗马士兵塔尔苏斯的扫罗（Saul）。他正前往大马士革，打算逮捕基督教徒。神圣力量介入之后，扫罗皈依了基督教，后来成了圣保罗。

《圣彼得受难》(*The Crucifixion of St Peter*)，1546—1550年。虽然《圣经》中没有转述这一故事，但传统上来说，基督教认为在罗马皇帝尼禄（Nevo）统治时期（54年至67年），圣彼得被俘并被头朝下钉死在十字架上。米开朗基罗描绘了他被罗马士兵抬上十字架的时刻。周围的人都很痛苦，但彼得表现出了极大的勇气。

米开朗基罗的情感生活

虽然米开朗基罗在一些诗歌中暗示了他的性取向，而且他笔下所有的裸体人物，无论男女，都以男性的形体为基础绘制，但我们尚不清楚他是否与男性有肉体上的关系。他的传记作者康迪维用“僧侣般的贞洁”描述他。但他似乎有过几段颇似浪漫关系的友谊，比如他和托马索·德·卡瓦列里（Tommaso dei Cavalieri，1509—1587年）在1532年相遇，当时卡瓦列里二十三岁，米开朗基罗十七岁。他为死去的切奇诺·德·布拉奇所作的诗歌也暗示了两人的浪漫关系。一些和他关系密切的年轻人，比如模特哥拉尔多·佩里尼（Gherardo Perini）和菲伯·迪·波吉奥（Febo di Poggio）会占他的便宜，要么偷他的东西，要么向他索要钱财和礼物。后来，米开朗基罗称迪·波吉奥为“那个小勒索者”。他似乎只和一个女人比较亲近，那就是1534年他在罗马遇到的寡妇维多利亚·科隆纳。他们为对方写十四行诗，直到她去世为止，两人一直定期保持联系。康迪维回忆米开朗基罗曾经说过，他一生中唯一的遗憾就是没有像亲吻她的手那样好好亲吻她的脸庞。

《法厄同的坠落》（*The Fall of Phaeton*），1533年。1533年夏天，米开朗基罗在佛罗伦萨为托马索·德·卡瓦列里画了这幅画。卡瓦列里很喜欢，并把它拿给教皇、枢机主教德·美第奇和其他人，大家都对这幅画印象深刻。

圣彼得大教堂

1546年，教皇保罗三世任命时年七十一岁的米开朗基罗为圣彼得大教堂的总建筑师。在此之前，许多艺术家和建筑师都担任过这个职位，包括布拉曼特、拉斐尔和桑加洛，但都进展甚微。米开朗基罗最终被说服，接手了这个项目，并在接下来的十七年里一直担任这一职位。作为一名自学成才的建筑师，他另辟蹊径，将自己对工程和比例的理解与灵活的雕塑方式融合在一起。他在圣彼得大教堂取得的成就对后来的建筑产生了持久的影响。在他接受任命的时候，圣彼得大教堂的施工已经进行了四十年，各个主建筑师之间没有凝聚力。尽管米开朗基罗一再抗议，称自己不是建筑师，但事实证明，他是一位先驱，一位充满开创性的人物。他接手项目之后，大幅扩大了十字路口支撑圆顶的四个主要桥墩，并增加了教堂外围的厚度。之前的建筑师都遵循了维特鲁威（Vitruvius，公元前80/前70—前15年）制定的古老法则，但米开朗基罗打破了这一法则，选择遵循自己的艺术愿景。他还重拾了布拉曼特最初的计划，专注于毕达哥拉斯学派关于和谐和比例的原则，大量运用圆形和方形。虽然他在世时，耸立于罗马天际线的巨型中央穹顶尚未完工，但这仍是他对建筑做出的重要贡献。1564年，米开朗基罗去世。1590年，贾科莫·德拉·波尔塔（Giacomo della Porta，1532—1602年）根据米开朗基罗的设计完成了穹顶。

米开朗基罗设计的穹顶内景。从大教堂的地板到外部十字架的顶部，圣彼得大教堂的圆顶总高度为136.6米，内径为41.5米，光线从四周的窗户投射进来。

俯瞰意大利罗马梵蒂冈城的圣彼得大教堂。米开朗基罗接手圣彼得大教堂的设计时，保留了许多前任建筑师的设计以及更新的方案。尽管每个方案都不一样，但都想要效仿布鲁内列斯基，在佛罗伦萨留下令人惊叹的圆顶。米开朗基罗眼光犀利，他没有简单地驳回前人的想法，而是对它们加以利用。他恢复了布拉曼特的希腊十字架设计，同时用自己的方式进行了宏伟的诠释。

意大利罗马梵蒂冈城的圣彼得大教堂，完工于1590年。米开朗基罗设计的穹顶耸立于罗马的天际线，达到了最初的设计要求，像布鲁内莱列基设计的圆顶一样令人印象深刻。

卡比托利欧广场

米开朗基罗凭借自身对工程和雕塑的理解，在人体构造的基础上建立了一套独特方式确定建筑的比例。这让他成功完成了许多建筑工程。最终，他还向建筑中融合了自己作为雕塑家和画家所采用的方法，并贯彻了他的信念。他坚信，建筑物不应该有缺乏美感的死角。甚至他的图纸也有别于当时的其他建筑师。当时，大多数建筑师会在不同的纸上绘制几张草图，而米开朗基罗则在他的初稿草图上绘制详细的细

《罗马景观：卡比托利欧广场和台阶》（*View of Rome: The Piazza del Campidoglio and the Cordonata*），卡纳莱托（Canaletto，1697—1768年），1740—1750年。18世纪，卡纳莱托因其威尼斯风景画而闻名，同时他也在罗马和英国作画。这是他眼中米开朗基罗设计的卡比托利欧广场。他从位于高处的视角描绘了广场前的台阶，台阶底部的两侧是两个埃及狮子。广场的中心是马尔库斯·奥列里乌斯（Marcus Aurelius）骑马的雕像，右边的建筑是保守宫（Palazzo dei Conservatori），远处是元老宫（Palazzo Senatorio）。

节。这种丰富的层次帮助他在脑海中构想出三维设计。接下来，他会用蜡或黏土制作模型，并不断开发、完善模型，直到设计效果符合他的愿景。他对光、影和空间有着浓厚的兴趣，这就意味着他对建筑的看法和许多同时代的人不同。他的建筑设计自由、不受约束，他可以打破传统，比如尝试改变比例和细节。他的众多项目中有一项是重新设计卡比托利欧山上的卡比托利欧广场。为此，他重新设计了带有大斜坡的梯形台阶，与周围的建筑相辅相成。为了统一广场四周的建筑结构，他为保守宫和元老宫重新设计了立面。广场的焦点是一尊2世纪的马尔库斯·奥列里乌斯皇帝骑马的青铜雕像，米开朗基罗将它安置在一个椭圆形大理石底座上。

法尔内塞宫

1534年，枢机主教亚历山德罗·法尔内塞成为教皇保罗三世，小安东尼奥·达·桑加洛开始为他设计宏伟的宫殿，但是1546年，桑加洛去世。于是教皇邀请米开朗基罗完成这座建筑。当时米开朗基罗刚刚开始建造圣彼得大教堂，时间非常有限。法尔内赛宫的建造分阶段完成。他依次完成了建筑的外立面、侧面和背面，然后增加了第三层。为了营造出宏伟

意大利罗马法尔内塞宫（Palazzo Farnese）外立面。这座建筑最初是在1517年，为法尔内塞家族所设计。1534年，枢机主教亚历山德罗·法尔内塞成为教皇保罗三世，小安东尼奥·达·桑加洛对其进行扩建。1546年桑加洛去世后，米开朗基罗接手了设计，为教皇和他的后裔打造了一座令人印象深刻的宫殿。

圣若望圣殿（San Giovanni dei Fiorentini）图纸，约1559年。米开朗基罗为圣若望圣殿所做的设计中，五大未能实现的设计之一。

的形象，他在顶层周围增加了巨大的突出檐口，上面雕刻着百合花，这是法尔内塞家族的象征。檐口强调了结构的水平性，为了平衡大小，米开朗基罗在上层安装了大窗户，与底下两层的窗户位置统一。这完全颠覆了常规。过去的传统是，顶层的窗户要比下层的小。他还在宫殿底部的中心位置设置了巨型入口，教皇的露台就在入口正上方。露台上方有一大块凸出的法尔内塞家族盾形纹章。内院里有多立克柱、爱奥尼柱和科林斯柱。总体来说，米开朗基罗的设计保证能让人联想起古罗马的宏伟建筑。

荣誉市民

1534年，米开朗基罗离开佛罗伦萨，之后就再也没有回来。佛罗伦萨是他的第一个家，他一直对佛罗伦萨忠心耿耿。但后来他开始承接更多创作任务，尤其是建筑项目，便没有时间回去。此外，罗马正逐渐取代佛罗伦萨，成为文艺复兴的中心。在这里，艺术、建筑、文学和科学出现了新的发展，许多当代最伟大的思想家聚集在此。米开朗基罗受到人们的高度尊重，他指导人们发掘古罗马文化，并不断证明着自己的才华。1537年12月10日，罗马授予他荣誉公民称号，以及“雕刻大师米开朗基罗”（Master Michelangelo, sculptor）的正式头衔。然而，在他生命的最后几十年里，他对这座城市最重要的贡献不在于雕塑，而在于建筑。

更多建筑

教皇庇护四世原名乔瓦尼·安吉罗·美第奇（Giovanni Angelo Medici，1499—1565年）。他当选后不久，便下令对罗马城进行大量市政改造。1561年，在改造并重新命名了一些街道之后，他委托米开朗基罗在环绕罗马的奥勒良城墙内建造了一座城门，取代之前的城门。这将成为宏伟且具有纪念意义的城市出入口。为了配合当时保存完好的城墙和中世纪街道，米开朗基罗设计了一座类似罗马凯旋门的城门，以教皇庇护四世的名字命名为庇亚城门（Porta Pia）。但在米开朗基罗生前，这座城门并未完成，最终成果也与他最初的设计不同。

米开朗基罗设计完庇亚城门两年后，又接受了新的使命。他要将戴克里先浴场（Baths of Diocletian）内此前受人忽视的巨型中央大厅（建于298—306年）改造为

意大利罗马庇亚城门，1561—1565年。米开朗基罗设计的庇亚城门取代了诺门塔那城门（Porta Nomentana）。这是教皇庇护四世对罗马城市的改造项目之一，因此以他的名字命名。1565年，建筑工程完成时米开朗基罗已经去世。

卡尔特修道院（Carthusian monastery）。他把场地改造成了大型卡尔特修道院，毗邻圣母大殿（Basilica di Santa Maria Maggiore）。另外他还接受任命，完成了圣母大殿的室内装饰和圣母大殿内的史弗拉礼拜堂（Sforza Chapel）建造。

除了圣彼得大教堂标志性的穹顶，米开朗基罗最著名的作品可能要数圣·洛伦佐教堂的劳伦齐阿纳图书馆了。它非凡的门厅楼梯分为三部分，通向比例和谐、通透明亮的阅览室（见第86页）。他所有的建筑设计都表达了他的想象力，用古典建筑语言创造出了崭新的、打破传统的设计思路。

意大利佛罗伦萨圣·洛伦佐教堂劳伦齐阿纳图书馆阅览室。劳伦齐阿纳图书馆是早期风格主义建筑的典范，其建造目的在于强调美第奇家族的智慧和文化。阅览室光线明亮，气氛和谐。每张桌子都靠在墙边，形成了一系列隔间，被自由投射过窗户的光线照亮。

意大利佛罗伦萨圣·洛伦佐教堂劳伦齐阿纳图书馆的楼梯。图中独立的大理石楼梯是劳伦齐阿纳图书馆的重要元素。楼梯通向阅览室，占据了前厅的一半面积。中间的楼梯向前凸出且宽度不同，而两侧的楼梯则是规整的四方形。

米开朗基罗的个人生活

作为米开朗基罗的传记作者兼学徒，康迪维评价米开朗基罗在生活中约束自己、有自控力。他曾经对康迪维说："无论我过去多么富有，我都一直像穷人一样生活。"康迪维还在传记中说米开朗基罗经常忘记吃饭或喝水，并且他吃东西"更多是出于需要，而不是为了享受"。另一位传记作者保罗·吉奥维奥（Paolo Giovio，1483—1552年）写到他"粗鲁且不文明"的行为，说他不够慷慨，不愿向他人传授艺术，"他天性粗鲁、粗野，以至于家庭卫生习惯极其糟糕"。

米开朗基罗身高中等、身体强壮、肌肉发达。他听从父亲的建议不怎么洗澡。即使在那个时期，他的习惯也显得不同寻常。他经常穿着衣服睡觉，还会穿露出脚趾的半高统靴，一穿就是好几个月。实际上，有时候因为实在穿得太久，脱下时甚至会带下一层皮肤。他还热衷骑马，在世的八十八年间（去世时未到八十九岁），除了偶尔受肾结石困扰，他一直保持着良好的健康状况，并且一直工作到生命的尽头。他有几位密友，绝大多数是男性，唯一不喜欢他的似乎是心怀嫉妒的艺术家。但是总体说来，他孤身一人。康迪维形容他"远离人群的陪伴"。

《米开朗基罗画像》（*Portrait of Michelangelo*），达尼埃莱·里恰莱利，1548—1553年。这幅画是米开朗基罗七十三岁时，弟子达尼埃莱·里恰莱利所画。画像表达了年轻学徒对老师的深厚感情，也体现了他从米开朗基罗那里学到的绘画技术。

《下十字架》，1547—1555年。这座雕像也被称为《佛罗伦萨圣母怜子像》。雕塑描绘了四个人物：耶稣、抹大拉的马利亚、圣母玛利亚和尼哥底母或亚利马太的约瑟。最后这位人物采用了米开朗基罗本人的形象。瓦萨里称，米开朗基罗在七十多岁时制作了雕塑，用来装饰他在罗马圣母大殿的陵墓，后来却将其出售。

天才的葬礼

米开朗基罗一直不断工作并活跃在大众视野，直到八十八岁去世。他在最后几年创作了更多大理石雕塑。尤其著名的是另一尊圣母怜子像，名为《下十字架》（*The Deposition*），又称《佛罗伦萨圣母怜子像》（*Florentine Pietà*）。在雕塑中，米开朗基罗将自己化身为尼哥底母［Nicodemus，或亚利马太的约瑟（Joseph of Arimathea）］，接住从十字架上下来的耶稣，将他递给圣母玛利亚和抹大拉的玛利亚（Mary Magdalene）。米开朗基罗去世前六天还在创作《隆达尼尼圣母怜子像》（*Rondanini Pietà*）。1564年1月，米开朗基罗八十八岁，本来健康的他患上了消化系统疾病，睡眠出现问题，但他仍然继续工作。出现发烧症状后，他停止了圣母怜子像的雕刻，外出骑马，希望把自己累睡着。然而，他的助手蒂贝里奥·卡尔加尼（Tiberio Calgani，1532—1565年）后来告诉米开朗基罗的侄子利奥纳尔多·博那罗蒂（1519—1599年），他曾在雨中语无伦次。1564年2月15日，米开朗基罗口述了一封信给达尼埃莱·里恰莱利，请侄子利奥纳尔多从佛罗伦萨来到罗马。他亲自在信上签了名。三天后，他在罗马的家中去世，当时在场的有托马索·德·卡瓦列里、他的朋友迪奥梅德·莱昂尼（Lionardo Buonarroti，1510/1520—1590年）、达尼埃莱·里恰莱利和他的仆人安东尼奥·德·弗兰西斯。当时离他的八十九岁生日还有三个星期。他的愿望是能安静地葬在他深爱的佛罗伦萨。利奥纳尔多前去请求科西莫一世·德·美第奇公爵允许。这一请求得到应允，尽管罗马人想让他安葬在当地。利奥纳尔多设法让人悄悄地把米开朗基罗的遗体从罗马运到佛罗伦萨的圣十字大教堂。虽然米开朗基罗希望举办私人葬礼，但大教堂里挤满了哭泣的哀悼者。接着，人们不顾博那罗蒂家人的反对，打开了棺材。据瓦萨里所说，米开朗基罗的尸体没有显示出腐烂的迹象，尽管他当时已经过世二十五天。最终，人们合上棺材，米开朗基罗的遗体得以下葬。科西莫一世·德·美第奇公爵为其举行的葬礼堪比王子的葬礼仪式。

《隆达尼尼圣母怜子像》，1552—1564年。米开朗基罗从1552年开始创作这座雕像，直到去世前六天。雕塑中的圣母玛利亚哀悼她死去的儿子，与米开朗基罗1499年创作的《圣母怜子像》形成了对比。当时他感觉身体很不舒服，对着大理石一阵劈砍，结果凿出两个纤细、身影拉长的雕像，启发了后来的风格主义。

后记：米开朗基罗的遗赠

米开朗基罗是西方艺术、文化史上的杰出人物，通常与达·芬奇和拉斐尔并称文艺复兴盛期的三大巨匠，尽管他比另外两人多活了四十多年。他献身于自己的职业，创作的艺术品具有前所未见的物理现实主义和心理洞察力，留下了无比深远的影响。他的《圣母怜子像》和《大卫》雕像以及西斯廷教堂的天顶画，是全球极具盛名的艺术作品。他的部分后期作品，包括绘画、雕塑和建筑，开创了风格主义艺术和设计运动。受他影响最明显的艺术家是拉斐尔，他偷偷观察了米开朗基罗正在绘制的西斯廷教堂天顶画，从此密切遵循着米开朗基罗的创作思路。另一位当代艺术家蓬托莫（Pontormo，1494—1557年）采用了《最后的审判》和保禄小堂的壁画中那种扭曲的人物画法。巴洛克艺术家如彼得·保罗·鲁本斯（Peter Paul Rubens，1577—1640年）和吉安·洛伦索·贝尔尼尼（Gian Lorenzo Bernini，1598—1680年）也根据米开朗基罗的思想发展了自己的作品风格。瓦萨里这样描述米开朗基罗的影响："（他的）作品是一座名副其实的灯塔……为所有画家带来了不可估量的好处，为陷入黑暗几个世纪的世界带来了光明。的确，画家不再需要创造新画法、追求新态度、描绘穿戴整齐的人物、寻找新颖的表达方式、呈现不同的构图或崇高的主题。"19世纪和20世纪，奥古斯特·罗丹（Auguste Rodin，1840—1917年）、卡米耶·克洛岱尔（Camille Claudel，1864—1943年）和亨利·摩尔（Henry Moore，1898—1986年）的雕塑作品直接从米开朗基罗的作品发展而来。与此同时，在建筑方面，米开朗基罗设计的劳伦齐阿纳图书馆门廊是最早以动态方式使用古典形式的建筑之一，而圣彼得大教堂的穹顶为世界各地许多教堂和私人建筑的穹顶带来了启发。米开朗基罗在二十岁出头时初享盛名，直至今日，人们仍视他为历史上最伟大的艺术家之一。

《吻》（*The Kiss*），奥古斯特·罗丹，1888—1898年。1875年，奥古斯特·罗丹第一次去意大利，其间，他深入研究了米开朗基罗的绘画和雕塑。他回到巴黎，随后的作品被批评为过于逼真，还有人指责他用真人模特做模型。米开朗基罗的艺术影响了他一生，特别是其作品中自然的动感和解剖学上的准确性。

时间线

15世纪70年代

1475—1481年 1475年3月6日，米开朗基罗·博那罗蒂出生于卡普莱斯小镇。在他六岁时，母亲过世。

15世纪80年代

1485—1488年 米开朗基罗在学校接受人文主义学家弗朗切斯科·德·乌尔比诺的教育。他的父亲再婚。米开朗基罗在佛罗伦萨成为基尔兰达约兄弟的学徒。

15世纪90年代

1490—1495年 米开朗基罗在美第奇家族生活、工作，在洛伦佐·德·美第奇去世后离开。洛伦佐的儿子皮耶罗二世邀请米开朗基罗回到美第奇宫创作一尊冰雪雕像。但随着萨伏那洛拉逐渐得势，美第奇家族被驱逐出佛罗伦萨，于是米开朗基罗前往博洛尼亚和威尼斯。

1497—1499年 应枢机主教拉菲尔·瑞阿里奥的邀请，米开朗基罗前往罗马。他第一次前往卡拉拉的大理石采石场，并为法国枢机主教让·比勒赫斯创作了《圣母怜子像》。

16世纪

1502—1504年 在返回佛罗伦萨的途中，米开朗基罗受当地政府委任，创造一尊青铜《大卫》雕像，作品现已遗失。他还雕刻了里程碑式的《大卫》大理石雕塑，作品安置在领主宫前，供人瞻仰。他又接受委任，在议事大厅墙上绘制《卡西纳之战》，与莱昂纳多·达·芬奇描绘的战争场景比邻。

16世纪继续

1505年 米开朗基罗绘制《圣家族》，并雕刻了圣母与耶稣像（《布鲁日圣母像》），然后受召前往罗马为教皇尤利乌斯修建陵墓。他在卡拉拉为陵墓挑选大理石，耗时八个月。

1506年 教皇放弃陵墓修建让米开朗基罗倍感愤怒，他在4月回到佛罗伦萨，但到11月时，他与教皇达成和解，并应邀为后者在博洛尼亚树立一尊巨型青铜雕塑。

1508—1512年 教皇尤利乌斯二世委任米开朗基罗为自己叔叔建造的西斯廷教堂绘制天顶画。尽管米开朗基罗强调自己是雕刻家，而非画家，教皇坚持要他接受委任。这项创作非常艰难，米开朗基罗花费了四年时间完成。

16世纪10年代

1513年 教皇尤利乌斯二世去世，米开朗基罗与尤利乌斯的继承人关于修建陵墓签订了新合约，为调整后的陵墓设计雕刻了两尊奴隶雕像和摩西雕像。

1516年 米开朗基罗签下了尤利乌斯陵墓创作的又一份合约。新教皇利奥十世委任米开朗基罗为佛罗伦萨的美第奇家族圣·洛伦佐教堂设计立面。

1517—1520年 三年里，米开朗基罗大部分时间都在卡拉拉和彼得拉桑塔为圣·洛伦佐教堂和尤利乌斯的陵墓开采大理石。突然之间，教皇利奥十世终止了圣·洛伦佐教堂的立面设计，并没有给出任何解释。

16世纪20年代

1524年 空余时间，米开朗基罗仍在修建尤利乌斯的陵墓。同时，他开始在佛罗伦萨为美第奇家族新建礼拜堂以及劳伦齐阿纳图书馆。他多次往返卡拉拉为工程挑选大理石。

1527—1530年 罗马之劫期间，佛罗伦萨政府任命米开朗基罗为总检察长和城市防御工事总督。之后，他又被派遣到比萨、利沃诺、威尼斯和费拉拉巩固军防。他返回佛罗伦萨后不久，佛罗伦萨的政权重新落入美第奇家族手中。他们对他颁布了死刑执行令，于是他躲藏了起来。

16世纪30年代

1532年 受到教皇赦免后，米开朗基罗搬到罗马。他和尤利乌斯的继承人签订新合约缩减陵墓规模，但又与后者发生纠纷。他遇到了托马索·德·卡瓦列里，并为他创作了许多诗作和画作。

1533—1541年 米开朗基罗与维多利亚·科隆纳发展出深厚友谊，为她创作了许多诗作和画作。克莱门特教皇委任他在西斯廷教堂祭坛墙上绘制《最后的审判》。克莱门特去世后，新教皇保罗三世命令他停止修建尤利乌斯的陵墓，继续完成《最后的审判》。

16世纪40年代至50年代

1542年 米开朗基罗在保禄小堂绘制《圣保罗的皈依》。

1545—1550年 尤利乌斯的陵墓终于落成，位于罗马圣伯多禄锁链堂。工程大多由其他雕刻家根据米开朗基罗的设计完成，但他并不满意。完成《圣保罗的皈依》后，他又开始绘制《圣彼得受难》。1547年，他开始为自己的陵墓雕刻《下十字架》。教皇保罗三世任命他为圣彼得大教堂的总建筑师。同年，他的挚友维多利亚·科隆纳去世。

16世纪60年代

1564年 米开朗基罗辛勤工作，患上了消化系统疾病。发烧时，他在寒冷的夜晚外出散步。2月18日，米开朗基罗去世。教皇想将他葬在圣彼得大教堂，但他的侄子兼继承人将他的遗体带回了佛罗伦萨，安葬在圣十字大教堂。

更多信息

Life, Letters and Poetry, G. Bull and P. Porter (translators) and Michelangelo, OUP Oxford, 2008
Lives of the Most Eminent Painters, Sculptors and Architects, G. du C. de Vere (translator) and Giorgio Vasari, Modern Library, 2007
Michelangelo (Basic Art Series), G. Néret, Taschen, 2007
Michelangelo: A Portrait of the Greatest Artist of the Italian Renaissance, W. E. Wallace, André Deutsch Ltd, 2018
Michelangelo and the Pope's Ceiling, R. King, Pimlico, 2006
Michelangelo: His Epic Life, M. Gayford, Fig Tree, Penguin Random House UK, 2013
Michelangelo, The Complete Paintings, Sculptures and Architecture, F. Zöllner, C. Thoenes and T. Pöpper, Taschen, 2017
Michelangelo, The Graphic Work, Taschen, 2017.

插图

封面（2）
《摩西像》，1513—1515年，大理石，高约235厘米，意大利罗马圣伯多禄锁链堂。akg-images/Rabatti&Domingie.

第6—7页
《创造亚当》，1511—1512年，湿壁画，整幅尺寸：280厘米×570厘米，意大利罗马梵蒂冈，梵蒂冈博物馆，西斯廷教堂。akg-images/Erich Lessing.

第8页
《圣母访亲》，多梅尼哥·基尔兰达约，1491年，木板蛋彩画，172厘米×162厘米，法国巴黎卢浮宫。Bridgeman Images.

第9页
米开朗基罗在卡普莱斯小镇的家，照片。De Agostini Picture Library/Bridgeman Images.

第10页
《黑死病》，威尼斯画家微型画，14世纪。© A. Dagli Orti/De Agostini Picture Library/Bridgeman Images.

第11页
洗礼堂的门，洛伦佐·吉贝尔蒂，1425—1452年，青铜铸造，雕花镀金，意大利托斯卡纳佛罗伦萨圣母百花大教堂博物馆。Mondadori Portfolio/Electa/Nicolò Orsi attaglini/Bridgeman Images.
《维纳斯的诞生》，桑德罗·波提切利，约1485年，画布蛋彩画，172.5厘米×278.5厘米，意大利佛罗伦萨乌菲齐美术馆。akg-images/Erich Lessing.

第12页
《耶稣受难》，乔托，1288—1289年，面板金色蛋彩画，578厘米×406厘米，意大利佛罗伦萨新圣母玛利亚教堂。Photo © Nicolò Orsi Battaglini/Bridgeman Images.
《大卫》，多纳泰罗，约1440年，青铜，158厘米，意大利托斯卡纳佛罗伦萨巴杰罗美术馆。akg-images/Rabatti&Domingie.

第13页
《纳税银》，马萨乔，约1426年，湿壁画，255厘米×598厘米，意大利佛罗伦萨卡尔米内圣母大殿布兰卡契礼拜堂。akg-images/Rabatti&Domingie.

第14页
《全景地图》，19世纪复制的15世纪佛罗伦萨地图，意大利佛罗伦萨历史博物馆意大利学派。Bridgeman Images.

第15页
佛罗伦萨大教堂照片，佛罗伦萨。Shutterstock Images.

第16页
《洛伦佐·德·美第奇》，乔尔乔·瓦萨里，1533/1534年，木板蛋彩画，90厘米×72厘米，意大利佛罗伦萨乌菲齐美术馆。Bridgeman Images.
意大利佛罗伦萨维琪奥王宫里的美第奇家族徽章。Photograph by Jebulon/Wikimedia Commons.

第17页
《年轻的弓箭手》，约1490年，大理石，94厘米×33.7厘米×35.6厘米，美国纽约大都会艺术博物馆。akg-images.
美第奇宫的内部庭院，意大利佛罗伦萨。akg-images/Orsi Battaglini.

第18页
临摹乔托壁画中的两位男性人物，1490—1492年，针笔打底，灰棕色墨水笔勾勒，31.5厘米×23厘米，法国巴黎卢浮宫。Alinari Archives, Florence/Bridgeman Images.
《福音传道者圣约翰升天》，乔托，约1320年，壁画，280厘米×450厘米，意大利佛罗伦萨圣十字教堂的佩鲁齐礼拜堂。akg-images/Erich Lessing.

第19页
《楼梯旁的圣母》，约1490年，大理石，56.7厘米×40.1厘米，意大利佛罗伦萨米开朗基罗故居博物馆。akg-images/Orsi Battaglini.

第20—21页
佛罗伦萨市中心照片。Shutterstock Images.

第22页
《在洛伦佐·德·美第奇的卡雷吉别墅庆祝柏拉图诞辰》，弗朗西斯科·富里尼，1636年，湿壁画，意大利佛罗伦萨皮蒂宫。akg-images/Rabatti&Domingie.
《马尔西利奥·费齐诺》，安德烈·费鲁奇，1521年，大理石，意大利佛罗伦萨花之圣母大教堂。akg-images/Rabatti&Domingie.

第23页
《十字架》，约1493年，彩色木，142厘米×35厘米，意大利佛罗伦萨圣灵教堂修道院。akg-images/De Agostini Picture Library/G. Nimatallah.
《半人马之战》，约1492年，大理石，80.5厘米×88厘米，意大利佛罗伦萨米开朗基罗故居博物馆。

第24页
《领主广场吉洛拉谟·萨伏那洛拉绞刑及火刑》，艺术家不详，约1498年，面板油画，尺寸不详，意大利佛罗伦萨圣马可博物馆。Bridgeman Images.
《萨伏那洛拉纪念碑》，斯特凡诺·加莱蒂，约1875年，大理石，意大利费拉拉萨伏那洛拉广场。© Luisa Ricciarini/Bridgeman Images.

第25页
《手持烛台的跪地天使》，1494—1495年，大理石，52厘米，意大利博洛尼亚圣多梅尼克大教堂。Photo © Raffaello Bencini/Bridgeman Images.

第26页
《圣普罗库鲁斯》，1494—1495年，58厘米，意大利博洛尼亚圣多梅尼克大教堂。akg-images/De Agostini Picture Library/A. De Gregorio.
《圣白托略》，1494—1495年，58厘米，意大利博洛尼亚圣多梅尼克大教堂。akg-images.

第27页
《睡着的厄洛斯》，艺术家不详，公元前330—前310年，大理石，塞浦路斯尼科西亚塞浦路斯博物馆。naglestock.com/Alamy Stock Photo.

第28页
罗马城市风景，《纽伦堡编年史》，哈特曼·舍德尔（作家），迈克尔·沃格穆特（插画师），威廉·普莱登伍夫（插画师），1493年，木刻。Wikimedia Commons.

第29页
《酒神巴克斯》，1496—1497年，大理石，203厘米，意大利佛罗伦萨巴杰罗美术馆。Bridgeman Images.
《酒神巴克斯》中森林之神萨蒂尔细节。akg-images/Rabatti&Domingie.

第31页
《圣母子、圣约翰和天使（曼彻斯特圣母）》，约1497年，可能追溯至1494年，木板蛋彩画，104.5厘米×77厘米，英国伦敦国家美术馆。akg-images/World History Archive.

第32—33页
《圣母怜子像》，1498—1499年，大理石，174厘米×195厘米×69厘米，意大利罗马圣彼得大教堂。Photo © Luisa Ricciarini/Bridgeman Images.

第32页：《圣母怜子像》细节。Bridgeman Images.

第34页
《埋葬》，1500—1501年，面板蛋彩画，161.7厘米×149.9厘米，英国伦敦国家美术馆。Bridgeman Images.

第35页
托斯卡纳卡拉拉采石场照片。Shutterstock Images.

第36页
《圣保罗》，1501—1504年，大理石，127厘米，意大利锡耶纳大教堂皮科洛米尼祭坛。Photo © Raffaello Bencini/Bridgeman Images.
《圣彼得》，1501—1504年，大理石，127厘米，意大利锡耶纳大教堂皮科洛米尼祭坛。Photo © Nicolò Orsi Battaglini/Bridgeman Images.

第37页
《大卫和吊索》草图，1503—1504年，墨水纸笔画，37厘米×19.5厘米，法国巴黎卢浮宫素描版画部。Bridgeman Images.

第38页
《大卫》，1501—1504年，大理石，5.17米，意大利佛罗伦萨学院美术馆。akg-images/Andrea Jemolo.

第40页
《大卫》头部细节。Bridgeman Images.
《大卫》手部细节。Photo © Luisa Ricciarini/Bridgeman Images.

第41页
《布鲁日圣母像》，1504—1505年，大理石，高128厘米，比利时布鲁日圣母教堂。Photo © Paul Maeyaert/Bridgeman Images.

第42页
《安吉亚里战役》草图，莱昂纳多·达·芬奇，1503—1504年，墨水纸笔画，16.5厘米×15.3厘米，意大利威尼斯学院美术馆。Bridgeman Images.
《卡纳西之战》或《沐浴者》，临摹米开朗基罗原作，亚里士多德·达·桑加洛，1542年，77厘米×130厘米，英国莱斯特霍尔汉姆宫。Bridgeman Images.

第43页
裸体男性坐姿扭动身体，1504—1505年，棕色墨水笔、灰棕色及铅白淡彩，41.9厘米×28.6厘米，英国伦敦大英博物馆。Bridgeman Images.

第44页
正面、面朝右侧男性裸体草图，约1504年，黑色粉笔草图，棕色墨水笔勾勒，27厘米×19.6厘米，奥地利维也纳阿尔贝特版画收藏馆。akg-images.

第45页
《神圣家族与婴儿施洗者圣约翰（圣家族）》，1505—1506年，木板油性蛋彩画，直径120厘米，意大利佛罗伦萨乌菲齐美术馆。Bridgeman Images.

第46页
《教皇尤利乌斯二世像》，拉斐尔，约1511年，面板油画，108.7厘米×81厘米，英国伦敦国家美术馆。Bridgeman Images.

第47页
教皇尤利乌斯二世的陵墓设计，1505—1506年，鸭嘴笔、铅尖笔打底，棕色墨水笔勾勒，棕色毛笔淡彩，51厘米×31.9厘米，美国纽约大都会艺术博物馆。Rogers Fund，1962.

第48页
《圣马太》，1505—1506年，大理石，216厘米，意大利佛罗伦萨学院美术馆。akg-images/Rabatti&Domingie.

第49页
1509年，身处罗马的米开朗基罗给在佛罗伦萨的父亲写的一封信。英国伦敦大英博物馆。Granger/Bridgeman Images.

第50页
西斯廷教堂天顶画方案，约1508年，铅尖笔草图、棕色墨水笔勾勒、纸面（拱形部分），黑色粉笔、纸面（手臂和手），27.4厘米×38.6厘米，英国伦敦大英博物馆。Bridgeman Images.

第51页
《利比亚女先知》草图，1510—1511年，红色粉笔，纸面，28.9厘米×21.4厘米，美国纽约大都会艺术博物馆。Purchase，Joseph Pulitzer Bequest，1924.

第52—53页
西斯廷教堂天顶画，1508—1512年，湿壁画，40米×14米，意大利罗马梵蒂冈城，梵蒂冈博物馆。akg-images/Erich Lessing.

第54页
裸体男像细节，1509年，湿壁画，意大利罗马梵蒂冈，梵蒂冈博物馆，西斯廷教堂天顶画。Bridgeman Images.
亚当草图，1511年，尖笔纸面打底，深红色粉笔勾勒，19.3厘米×25.9厘米，英国伦敦大英博物馆。akg-images.

第55页
《朱迪斯与赫罗弗尼斯》，1509年，湿壁画，意大利罗马梵蒂冈，梵蒂冈博物馆，西斯廷教堂天顶画。akg-images/Erich Lessing.

第56页
《创造众星》，1511年，湿壁画，意大利罗马梵蒂冈，梵蒂冈博物馆，西斯廷教堂天顶画。akg-images/Erich Lessing.

第57页
《原罪和逐出伊甸园》，湿壁画，1508—1512年，意大利罗马梵蒂冈，梵蒂冈博物馆，西斯廷教堂天顶画。Bridgeman Images.
《创造夏娃》，1508—1510年，湿壁画，意大利罗马梵蒂冈，梵蒂冈博物馆，西斯廷教堂天顶画。akg-images/Erich Lessing.

第58页
《耶利米先知》，1508—1512年，意大利罗马梵蒂冈，梵蒂冈博物馆，西斯廷教堂天顶画。© Mondadori Electa/Bridgeman Images.

第59页
《库迈女先知》，1510年，湿壁画，意大利罗马梵蒂冈，梵蒂冈博物馆，西斯廷教堂天顶画。Bridgeman Images.

第60页
《德尔菲女先知》，1509年，湿壁画，意大利罗马梵蒂冈，梵蒂冈博物馆，西斯廷教堂天顶画。© Mondadori Portfolio/ Bridgeman Images.

第60—61页
《大洪水》，1508—1512年，湿壁画，意大利罗马梵蒂冈，梵蒂冈博物馆，西斯廷教堂天顶画。akg-images/Erich Lessing.

第62页
《摩西像》，1513—1515年，大理石，高约235厘米，意大利罗马圣伯多禄锁链堂。akg-images/Rabatti&Domingie.

第63页
《教皇尤利乌斯二世的陵墓》，1505—1545年，大理石，意大利罗马圣伯多禄锁链堂。akg-images/Rabatti&Domingie.

第64页
《拉奥孔和他的儿子们》，希腊原作，1世纪，大理石，208厘米×163厘米×112厘米，意大利罗马梵蒂冈，梵蒂冈博物馆。Bridgeman Images.

第65页
《被缚的（叛逆的奴隶）》，1513年，大理石，209厘米，法国巴黎卢浮宫。Bridgeman Images.
《垂死的奴隶》，1513年，大理石，228厘米，法国巴黎卢浮宫。Photo © Luisa Ricciarini/Bridgeman Images.

第66页
米开朗基罗设计的圣·洛伦佐教堂外立面木制模型，巴乔达尼奥洛根据米开朗基罗设计图制作，216厘米×283厘米×50厘米，意大利佛罗伦萨米开朗基罗故居博物馆。akg-images/Rabatti&Domingie.

第68页
《晨》《暮》，1524—1531年，大理石，意大利佛罗伦萨圣·洛伦佐教堂美第奇家族礼拜堂新圣器室。akg-images/Rabatti&Domingie.

第69页
《日》《夜》，1526—1531年，大理石，意大利佛罗伦萨圣·洛伦佐教堂美第奇家族礼拜堂新圣器室。Bridgeman Images.

第70页
《罗马之劫》，1527年5月6日，某意大利大师，16或17世纪，画布油画，64厘米×84.5厘米，私人收藏。akg-images.

第71页
《围困佛罗伦萨》，乔尔乔·瓦萨里，1558—1560年，湿壁画，尺寸不详，意大利佛罗伦萨维琪奥王宫。akg-images/Erich Lessing.

第72页
裸体人物壁画，约1530年，石膏板木炭，意大利佛罗伦萨美第奇家族礼拜堂。© David Lees Photography Archive/Bridgeman Images.

第73页
诗歌手稿，米开朗基罗，意大利佛罗伦萨劳伦齐阿纳图书馆（老楞佐图书馆）。De Agostini Picture Library/Bridgeman Images.

第74页
《最后的审判》，1534—1541年，湿壁画，13.7米×12米，意大利罗马梵蒂冈城，梵蒂冈博物馆西斯廷教堂。Artothek/Bridgeman Images.

第76页
《最后的审判》细节，1534—1541年，湿壁画，意大利罗马梵蒂冈城，梵蒂冈博物馆西斯廷教堂。Artothek/Bridgeman Images.

第77页
《圣保罗的皈依》，1542—1545年，湿壁画，625厘米×661厘米，意大利罗马梵蒂冈城，梵蒂冈博物馆保禄小堂。Bridgeman Images.

第78页
《圣彼得受难》，1546—1550年，湿壁画，625厘米×661厘米，意大利罗马梵蒂冈城，梵蒂冈博物馆保禄小堂。Alamy Images.

第79页
《法厄同的坠落》，1533年，黑色粉笔，纸面，41.3厘米×23.4厘米，英国温莎皇家图书馆。Bridgeman Images.

第80页
米开朗基罗设计的穹顶内景，意大利罗马梵蒂冈城圣彼得大教堂。Shutterstock Images.

第81页
俯瞰意大利罗马梵蒂冈城的圣彼得大教堂。Alinari/Bridgeman Images.
圣彼得大教堂，意大利罗马梵蒂冈城。akg-images/Bildarchiv Monheim/Schütze/Rodemann.

第82页
《罗马景观：卡比托利欧广场和台阶》，卡纳莱托，1740—1745年，画布油画，87.5厘米×138厘米，私人收藏。Photo © Christie's Images/Bridgeman Images.

第83页
意大利罗马法尔内塞宫外立面，意大利罗马。akg-images/Bildarchiv Monheim.

第84页
圣若望圣殿图纸，约1559年，黑色铅笔，墨水笔，水彩和白铅，42.8厘米×38.6厘米，意大利佛罗伦萨米开朗基罗故居博物馆。akg-images/De Agostini Picture Library.

第85页
意大利罗马庇亚城门，1561—1565年，意大利罗马。akg-images/Bildarchiv Monheim.

第86页
意大利佛罗伦萨圣·洛伦佐教堂劳伦齐阿纳图书馆阅览室，46.2米×10.5米×8.4米，意大利佛罗伦萨圣·洛伦佐教堂。Photo © Raffaello Bencini/Bridgeman Images.
意大利佛罗伦萨圣·洛伦佐教堂劳伦齐阿纳图书馆的楼梯，建于1560年，意大利佛罗伦萨圣·洛伦佐教堂。akg-images/Andrea Jemolo.

第87页
《米开朗基罗画像》，达尼埃莱·里恰莱利，1548—1553年，黑色粉笔，纸张，53厘米×44.5厘米，荷兰哈勒姆泰勒斯博物馆。Heritage Images/Fine Art Images/akg-images.

第88页
《下十字架》或《佛罗伦萨圣母怜子像》，1547—1555年，大理石，226厘米，意大利佛罗伦萨主教座堂博物馆。akg-images/De Agostini Picture Library/G. Dagli Orti.

第89页
《隆达尼尼圣母怜子像》，1552—1564年，大理石，195厘米，意大利米兰斯佛尔札城堡。Granger/Bridgeman Images.

第91页
《吻》，奥古斯特·罗丹，1888—1898年，大理石，181.5厘米×112.5厘米×117厘米，法国巴黎罗丹美术馆。© Philippe Galard/Bridgeman Images.

索引